公益、金融与善经济

刘国宏　余凌曲　等◎著

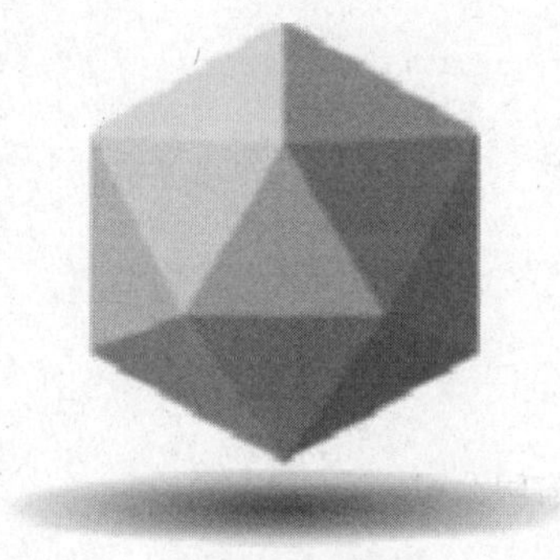

中国经济出版社
CHINA ECONOMIC PUBLISHING HOUSE
北京

图书在版编目（CIP）数据

公益、金融与善经济 / 刘国宏，余凌曲等著 .
北京：中国经济出版社，2017. 9（2024.1重印）
ISBN 978-7-5136-4815-8

Ⅰ. ①公… Ⅱ. ①刘…②余… Ⅲ. ①慈善事业—关系—经济发展—研究—中国
Ⅳ. ①D635. 1 ②F124

中国版本图书馆 CIP 数据核字（2017）第 195553 号

责任编辑 赵静宜
责任印制 巢新强
封面设计 久品轩

出版发行 中国经济出版社
印 刷 者 大连图腾彩色印刷有限公司
经 销 者 各地新华书店
开 本 710mm×1000mm 1/16
印 张 16. 75
字 数 200 千字
版 次 2017 年 9 月第 1 版
印 次 2024年 1 月第 2 次
定 价 75. 00 元
广告经营许可证 京西工商广字第 8179 号

中国经济出版社 网址 www. economyph. com 社址 北京市东城区安定门外大街 58 号 邮编 100011
本版图书如存在印装质量问题，请与本社销售中心联系调换（联系电话：010-57512564）

序

改革开放30多年来，中国的经济发展取得了巨大成就，已经成为世界第二大经济体。虽然当前中国的经济发展速度放缓，但仍以较快的速度在增长，我们完全有理由相信这种增长速度还可以持续较长时间，中国完全有能力成为世界上最大的经济体。

不过，我们清醒地认识到，在经济快速发展的同时，中国的社会和环境也面临诸多突出的问题和挑战，如收入差距扩大、环境污染严重、浮躁心态弥漫、投机主义盛行等等，这些问题所带来的影响是深远的，值得我们深思。

如今，中国坚持社会主义市场经济的改革方向，加大力度完善国家治理体系，促进产业结构升级，相信其中的许多问题会在发展中得到有效解决。当然，有些问题则需要我们在推进市场和政府改革的同时，积极发挥社会组织的作用，促进公益、金融与经济相融合，以推动中国经济社会的健康可持续发展，缔造我们更美好的未来。

这本书是我们作为智库机构对如何联结公益、金融与经济的一种思考，希望能够广聚善缘、撬动大爱，助力中国经济向“善经济”——一种好的经济方向发展。期望我们的研究能够成为现实。

2017年7月于深圳

目 录

Public Welfare、Finance and Goodness Economy

·第一章· 缘起与背景

什么是善经济？

善者，好也。

所谓善经济，就是一种好的经济，一种在为自己创造福利的同时，不以损害他人和环境为代价的经济。

一个毋庸置疑的观点是，人类的一切活动首先应该以“善”为出发点。很难想象，一个相互伤害的人类社会可以取得巨大的进步并实现真正的幸福。

对于上面这个“没有争议”的观点，我们为什么还要慎重其事地描述和浓墨重彩地提及呢？因为我们存有一种担忧，人类社会可能正在被“经意或不经意的恶”所侵蚀，从而离我们向往的“理想国”越来越远。

所谓“经意的恶”，也就是主观和客观的损人利己行为。早在两千多年前，孔子就已经为人的行为确立了最基本的底线：“己所不欲，勿施于人。”但是，现今我们社会仍然充满了突破底线的恶行：毒奶粉、假药品、金融诈骗、医疗陷阱……通过各种花样迭出的“谋财害命”行为赚钱的个人和企业越来越多。这样的恶行不仅要受到道德上的严厉谴责和唾弃，还要受到法律的严惩和社会的摒弃。

除了上述显而易见的“经意的恶”，还有另外一种不那么显见的“不经意的恶”，也在破坏着我们的人类社会“命运共同体”——纯粹以经济利益为导向、几乎不受约束的市场经济在强力、高效配置各类经济社会资源的同时，也在扭曲、恶化着人类经济社会资源的分配使用与合理储备，严重忽视长期社会利益，形成了贫富差距、环境污染、能源危机甚至是各类传染病蔓延、恐怖活动猖獗等一系列全球性问题。举一个很简单的例子，我国正在积极发展汽车产业并已经成为全球第一大汽车市场，但是，如果中国人对小汽车的使用强度（人均汽车拥有量和每台汽车的汽油消耗量）“对标”美国的话，仅把中国小汽车的油箱加满，就需要 8 个地球的石油储备。如果放任汽车经济自由发展，很可能一次新的能源危机就迫在眉睫了。到那时，围绕全球石油及能源市场分配、国家与国家之间的明争暗斗乃至恐怖势力的利益纠纷都可能加剧。这并非危言耸听，实际殷鉴并不算远！

为应对上述“经意或不经意的恶”所带来的经济社会问题，我们重提“善”，重新倡导“善行”，重新呼吁人类一切活动应该以“善”为出发点。《大学》开篇言：“大学之道，在明明德，在亲民，在止于至善。”《道德经》言：“择其善者而从之，其不善者而改之。”现在已经到了我们洗心革面、修正不善之行、发展一种“善经济”的时候了。

从问题导向的角度，本书中的“善”至少包含两重含义：一者，自利而不害，在为自己争取创造福利的时候，还要关注社会的长远发展，主观行为不损害社会和环境；二者，利他以自利，主动付诸公益行动，推动社会和环境更好的发展，在助人的同时建立友好和谐的社会环境，也为自己创造生存的福利。因这种善行而推动的经济发展就是“善经济”。其实，只有这种经济才是真正符合西方经济学所谓效用最大化原理的。没有安全的社会和自然环境，个人如何能做到效用最大化呢？正所谓“利他是最大的自利”，与西方经济学中所说“人是自私的”其实并不矛盾，只是我们的“自私”应该是“智慧的自私”，而非“肤浅短视的自私”。

从这个角度讲，“善经济”也可称为“智慧经济”。

为什么需要善经济？

回答了“什么是善经济”，反思国内外经济发展所反映出来的问题，就不难回答我们为什么如此需要“善经济”了。

首先，我们来反思中国经济。新中国成立以来，特别是改革开放之后，中国经济总量保持了持续快速增长的态势，创造了令世人瞩目的增长“奇迹”，也令数以亿计的中国人脱贫致富。但与此同时，我们也看到，经济活动中的“道德底线”一次次被毒奶粉、毒食品、假药品等层出不穷的恶性事件“刷新”，中国人在富起来的同时，也更加焦虑不安起来了……

其次，我们再反思美国经济。美国是世界上最大的发达国家，科技、经济、文化等发展水平均名列全球前列甚至独占鳌头，也是世界上大多数发展中国家所向往、崇拜和学习的对象。然而，2008年以来肇始于美国的全球性金融危机汹涌而至，给全世界的经济带来了强大冲击，以至于今天大多数国家仍然没从金融危机的影响中走出来。越来越多经济学家开始反思建立在消费扩张以及依托金融体系对（负债性）消费扩张进行“强力支撑”基础上的美国经济，其发展的源动力到底是什么，可不可持续？

再次，我们再反思世界经济。世界经济的发展对能源的依赖巨大，而能源对世界经济持续发展的支撑程度并不高。不要说世界经济，仅仅是中国经济的发展就足以消耗全球的能源储备。也就是说，当前世界经济的发展是一种“碳经济”，如果持续下去，环境、能源乃至恐怖主义等全球问题不但不会缓解，还会有进一步加剧的趋势。

最后，我们来反思世界各国经济运行的重要分析框架——现代西方经济学。西方经济学有一个著名的假设——理性经济人追求效用最大化，也就是说每个经济主体的行为模式都是自私自利，既不需要关注其他人利益，也不需要关注社会利益。同时，还用了一套精巧的方法证明了“自利”就是“利他”，每个人追求自身利益最大化的结果就是整体社会的利益最大化。这显然与经济运行的现实大相径庭，后来的西方经济学家又用“外部（负）效应”“市场失灵”“公地悲剧”“囚徒困境”等经济学概念来形容自私自利对于他人及社会的负面影响，强调所谓完全的市场经济仍然是经济运行的最优选择。但难以想象的是，完全的利己只会在很小范围内产生外部负效应，社会分配和贫富差距问题不会影响市场经济运行，永远可以某一个价格买到世界上已经没有（被耗光）的生产资料……在现实中，西方经济学对问题的分析以及对全球性问题的解决已经越来越束手无策了。

2015年诺贝尔经济学奖得主安格斯·迪顿（Angus Stewart Deaton）在2008年一篇基于对收入、健康和全球福祉研究的论文中的核心观点是“有钱不一定幸福”，特别是人均收入超过一定阈值后（实证表明这一阈值并不高），经济、收入增长与幸福毫不相关。这一研究已经颠覆西方经济学赖以生存的基础——以效用最大化为目标的分析框架，同时也值得我们对中国乃至世界经济当前的发展模式做更加深入的探讨：既然财富增长不会带来幸福增长，那我们应追求财富最大化还是幸福最大化?

善经济什么样?

我们从善经济的目标取向、行为模式、表现特征三个维度来回答到底什么是善经济。

善经济的目标取向:从效用最大化到幸福最大化

西方经济学家也承认,“效用”(Utility)这个词虽然被广泛应用于经济学分析中,但它也存在“致命的缺陷”。一是效用是一种极为短期的心理现象,瞬间出现、瞬间变化、瞬间消失,以效用最大化为目标极有可能导致行为的短期化和非理性,这一点想想每年“双十一”后收获大量包裹的“剁手族”们就知道了;二是边际效用递减非常快,也就是说,为获得与先前同样的满足感,需要得到的东西会越来越多,直到发展到不可持续的地步。由于“效用”的这两个属性(或者是“缺陷”),如果以我们有限的生命和有限的地球资源去追求每个人短期效用的最大化,那么经济和社会的不稳定、动荡甚至是崩溃都是可能的。从人类社会和经济可持续发展的角度,善经济的目标取向一定不是效用最大化。所以,善经济提出幸福最大化的目标取向来替代效用最大化,就是要我们从心出发,更加关注他人,关注长远,追求非物质、可持续的满足感。

善经济的行为模式:从“自利利他”到“利他自利”

西方经济学认为,市场经济就是一种“自利利他”的行为模式,每个人追求自身利益最大化，结果就是其他人以及社会的利益最大化。不可否认，市场经济在充分调动人的自私心和积极性、进而提升经济效率的方面发挥重大作用，但它的负面作用已经达到了不容忽视甚至把人类社会推向深渊的程度——因为“自利”不一定“利他”，很多时候也会“害他”。基于此，若以人类整体幸福最大化为目标取向，善经济的基本行为模式必然是以“善心”和“利他”为出发点，通过“利他”来实现和提升人的社会价值，从而达到“真正的自利”。

善经济的表现特征：从高碳经济到低碳经济

我们目前面临着很多难以解决的全球性问题，如贫富悬殊、环境污染、能源危机、恐怖主义等等，但这些全球性问题很大程度上都是围绕一个字而形成的——“碳”。当今的全球经济总量为 77 万亿美元，人均 GDP 超过 1 万美元，现在一个普通人拥有的财富都超过农业社会的一个大贵族。但是，由于人类对物质消费和效用最大化不可抑制的狂热追求，各类化石燃料仍被不断发掘并消耗殆尽，全球贫富差距更可直观地在化石燃料在全球不均衡的分配、使用、储备方面来体现。现在，全球正在大力推动科技创新以实现节能减排，但以过去经验和逻辑推理来看，如果人类追求效用最大化的行为模式没有发生根本性转变的话，所谓“节能减排”只能是生产单一产品的“节能减排”而非全社会生产的“节能减排”，发展低碳经济也只能是一句空话。善经济不追求物质上的瞬时满足，而是追求非物质的持续幸福，才可能表现出真正的低碳经济。

善经济的实现途径：公益理念+善金融+高效经济

要实现善经济的首要条件是要有公益思想，抱着完全自利不顾他人死活思想的人不可能去实现善经济，因此大力推广公益思想，倡导人人公益、时时公益是实现善经济的重要前提。同时，推动经济发展的金融和资本要更具智慧和善心，要引导社会资源向善的领域配置转移。

我们的善缘

本书由中国（深圳）综合开发研究院金融与现代产业研究所为主要发起并完成相关撰写工作。

中国（深圳）综合开发研究院（China Development Institute，简称 CDI）是在党中央、国务院的倡导下，顺应中国改革开放发展的形势和需要，由马洪、李灏、蒋一苇、陈锦华、高尚全、林凌、纪中等 116 位经济学家、企业家和社会活动家，自愿联合、共同发起，于 1989 年 2 月在深圳经济特区创办的国内第一家综合性、政策性、全国性的新型智库。2015 年 11 月，入选首批 25 家国家高端智库建设试点单位。

CDI 因“慈展会”与善结缘。

所谓“慈展会”，即中国公益慈善项目交流展示会，是由国家各部委、广东省人民政府和深圳市人民政府共同主办的国家级、综合性的公益慈善项目交流展示会，从 2012 年 9 月开始，已经在深圳连续举办了五届。第五届慈展会于 2016 年 9 月 23 日开幕，来自全国 31 个省、市、自治区、直辖市和台港澳的 2600 多个慈善组织、企业和个人，以及 75 家国际公益组织齐聚深圳会展中心，聚焦公益慈善事业的创新与发展。

自 2013 年起，CDI 积极参与慈展会的相关活动，并对公益慈善事业的相关问题进行跟踪研究。目前，CDI 是慈展会国际合作和港澳台展区及其研讨会的承办机构，也是“社会价值投资联盟（深圳）”的发起机构之一。

作为智库，CDI 在做好公共政策研究的同时，会把“善”的研究深入下去，持续探索“善经济”，扩大“善”的影响力，做到“善”始善终，努力承担社会责任。

我们的善愿

伴随着科技的进步和生产效率的提升，当代世界已经积累了大量的物质财富，如果套用西方经济学的分析方法，物质的边际效用恐怕已经降低到离“零”不远的地方了。相反，我们的精神财富还远远不足，以至于我们难以回答“你幸福吗?”这样简单的问题。

人类发展经济的根本目的是为人类幸福，任何不能创造幸福的经济增长方式都应该摒弃!

我们欣喜地看到，越来越多的人认识到单纯靠物质财富并不能支撑起我们的幸福，并且逐步加入到了追求精神财富的行列中!

我们真诚地祈祷，从善出发，我们可以以丰富的物质财富为基础创造出越来越多地精神财富，让社会分享，让历史传承!

我们有理由深信，在未来，善经济不仅仅只是教科书上的一个专业名词，更会成为人类经济和社会发展的现实!

进入善经济，人类更幸福!

Public Welfare、Finance
and Goodness Economy

·第二章· 公益原理与意义

公益及其起源

什么是公益?

对绝大多数人而言，“公益”一词并不陌生，可是要真正把公益这个概念说清楚，并不是每个人都能够做到的。在我们的日常生活中，大到国际事务和国家政策、小到团体活动和个人行为，很多都与公益有关。公益是一个抽象的概念，也是一门实践的学问，有人认为公益是公众利益，有人认为公益就是慈善和捐助……每个人对公益都有不同的理解，然而对公益的概念并没有一个定论。

实际上，“公益”是一个古老的词汇，以下简单介绍一下它的起源。

“公益”最早出自阿拉伯语“伊斯提斯拉赫（Istis1ah）”，是一个伊斯兰教法专用语，原意为“公共利益”或“福利”，亦称“麦斯莱哈（Maslahah）”。而公益作为一种理想，早在数千年前就已经萌生。古希腊先哲的“理想国”和先秦圣人的“大同世界”都是对人类幸福生活的伟大构想。

对中国而言，“公益”是一个外来词汇，在传统汉语言体系中并没有“公益”这样的固定用语，“公益”与诸多现代词汇一样，是由西方到日本经由日本人转译而来的。从英文原意来看，Public Welfare 表达了人们对“公众的、公共的”“健康、幸福和繁荣”的美好追求。公益的起源和发展必然受到一定社会的经济、政治和伦理等因素的制约，与人类社会的整体发展相适应。

公益起源的经济原因

公益作为一种民间的社会救助的制度化形式，起源于民间古老的互助传统。在生产力极其低下的原始社会时期，人类为了繁衍生息，过着共同劳动、相依为命的群体生活，这其中蕴涵着公益行为产生的萌芽。在原始群体部落及氏族中，扶老携幼、照顾病残以及人们之间的互相救济，作为一种世代承袭的习俗正逐渐演化为普遍性的救助行为而带有社会公益的性质。

随着人类社会的进步和发展，贫富差距开始出现。此时，一方面存在着需要他人援助的弱者或者不幸者，一方面也具有了有能力援助他人的群体和具体途径，在双方的共同推动及仁爱道德的感召下，公益事业就产生了。

公益起源的政治原因

公益被称为第三次分配，这对于实现社会公平和政治正义无疑是一种有效的补充，因此受到政治力量的极大支持和推动。历史经验证明，无论在什么样的社会制度下、无论社会的经济发展水平如何、无论是什么样的人当权，社会公益都是被提倡和受到政府奖励的。这是因为，稳定永远是政治的基本诉求，而贫困也永远是造成社会不稳定的极大隐患。在一个极端贫富不均的社会制度下，要想保持社会的稳定几乎是不可能的。在这个意义上，政治对公益也有一定程度的依赖。

慈善公益事业之所以能得到政府的支持，甚至能起到干预政府的作用，在于社会本身具有一种自身调节能力和自组织能力。即使在动乱的社会和政治极端不清明的社会中，这种自身调节能力和自组织能力对于保持社会的延续和发展、保持民族的整体生存、保留和发展民族的优良道德都具有巨大的能量。因此，公益事业与政治的这种关系使得公益事业在民主政治下成为实现社会公平的有益补充，在专制政治下成为维护基本正义和仁爱道德的重要形式。

公益起源的伦理原因

公益现象及其思想和行为的出现还有着价值观念的推动缘由。公益的产生本身所标识的强烈的价值取向在于保护弱者生存和发展的权利。由于社会资源分配不一致造成的特定群体在经济利益、社会地位、生活方式、收入水平、教育程度等方面的弱势，进而使其在经济地位层面、生活质量层面和心理意识层面都具有特定的属性。

对弱势群体的关怀具有天然的道德性，其中灌注着浓厚的同情情感和人道精神。人道精神随着人类文明的进步，渗透着作为个体的人对作为“类”的人的本质、地位和价值的深刻关注，渗透着人关于自我人格和个性发展的理念，同时也融入了人的“类意识”对外在无常世界的自觉。人类在“类意识”的不断衍化、明晰过程中，逐渐将之移植于具体的个体，这首先表现为关心他人、尤其是关注那些处境困难、身受痛苦、生命垂危及遭遇各种打击、挫折和不幸的个体。这种人道精神是社会公益事业的灵魂，也是公益行为必须坚持的基本伦理道德原则。

公益与慈善

公益和慈善是两个经常同时出现的词语，在很多情况下，人们会把二者等同起来。慈善与公益的概念有许多类似的含义，也有许多相似之处，如利他、非营利性、关注贫困等。使得人们在实际使用中经常将两者等同，有人将“慈善”等同于“公益”，或认为“公益”就是“慈善”。这种混淆在公益服务发展的初期尚可被理解与接受，但随着社会民主化的发展与公民意识的提升，这种混淆必将会阻碍公益事业的进一步发展。因此，有必要深入探讨这两个概念的区别。

从这两个概念的诞生时代、价值基础、服务范围、社会影响等方面来看，它们是有明显区分的。

“慈善”的服务领域主要是济贫、医疗、救灾等急难救助，往往规定了特定的老弱病残等客观上弱势的群体，也就是说，“慈善”是在弱势或困难成为客观事实的情况下提供一定的帮助。施善为慈者往往是具备一定资源、地位与能力的人，这在一定程度上暗示了服务提供与接受双方的强势与弱势、施与与接受的不平等性，因而“慈善”所表达的爱与帮助也就暗含了自上而下的施舍的意味，暗示了权威与等级的不对等。

“公益”就其服务对象而言，指除了自己以外的其他人，社会大众，它既可以包含特定的老弱病残等客观上弱势的群体，也可以是不具名的任何人，同时“公益”的服务领域涵盖了济贫、救灾、医疗、安老等慈善类的服务，也有环保、公民教育、文化、社区服务等关注长期发展、提升社会成员素质的服务。也就是说，“公益”的服务对象不仅是弱势或困难已成为客观事实的群体，也可以是为了防止困难成为事实而提供的服务。就词语本身的内涵而言，“公益”不仅强调为他者服务，更强调对参与者“公”的意识的培养与塑造，与“慈善”所体现出来的权威等级色彩不同，“公益”强调个体对社会的责任与义务，倡导服务提供者与接受者之间的平等关系，一方面，它培养志愿者帮助、给予的意识、能力与权利；另一方面，也尊重受者享受公益服务的权利。“公益”一词因其受者的广泛性而没有使受者在道德上有弱势感，更不会用受者的弱势地位来衬托施者的德性，这在一定程度上体现了公益活动双方的平等。

总的来说，公益不等于慈善，慈善产生公益，公益源于慈善。我们很多人接触公益、做公益，是从自己的一颗善心、慈悲之心开始的。当我们因某种因素有所触动之时，这个触动就会转化为一种想法，然后产生行动。进而促使我们去做善事，产生利他、利我的行为。

当我们做慈善久了，就会认识到很多志同道合的朋友，渐渐地我们会想到如何一起做事，如何发挥团队的力量。当参与的人多了，从事慈善活动的类型也多了的时候，逐渐地，慈善组织就产生了，这就是最初的草根公益组织的雏形。

公益是社会现象。慈善考虑的更多是个人的情感释放，公益考虑的更多是理念的传播与群体效应；公益更多的是体现分享，分享公益理念，分享做事经验，分享行善的机会，分享做事的快乐，分享大家的所得……

不过现实生活中，公益和慈善概念的区分也已经淡化，慈善组织也可以是公益组织，只是慈善更侧重社会福利方面，而公益所涉及的范围更广，一切为社会公益所付诸的行为都叫做公益行为。

个人与机构

公益行为包含公民的公益行为（公益基金）和机构的公益行为等。

公民的公益行为来源于公民内心的德性精神，而日渐兴起的公益基金会不仅为公民公益行为的组织化与制度化提供了良好的平台，还进一步推进了志愿精神和公益事业的发展。在公民和基金会方面，我国和谐社会的确立和发展呼唤加强公民道德教育、提高公民素质、发展公益事业。在新的历史时期，需要公民与公益基金会构建相互信任的合作伙伴关系，共同走向更“善”的治理。公民德性作为公民行为的内在价值尺度和动力机制，直接产生了公民在社会活动中的公益行为。在基金会公益事业的发展中，公民的慈善捐助以及以志愿（或自愿）贡献的方式提供公共物品或服务，是一种非常重要的制度安排，而且他们表达出了完全相同的关注公益的实质，其中所体现的就是公民德性与公共精神。公益捐赠和志愿服务已经成为一些国家，特别是发达国家的重要社会资源，成为公益基金会发展的重要支持和力量。

公民社会走向“善”的治理离不开公民与公益基金会的互动合作。从价值取向的角度看，公民社会的价值目标既不是国家权力的效率优化，也不是个人利益的最大化，而是以公共利益为目标实现对权力和权利的超越。由于现代社会人际关系网络不再以公共权力或个体权利为轴心进行建构，因此，人们需要富有意义的社会生活，需要在工作之余、在自己的专业知识领域之外做出贡献，就需要自主自愿加入或参与各种形式下合法产生的公益基金会，表达公共利益和公民精神。因此，公民的公益行为离不开公民社会中的基金会组织。现代公民在道德理性的支配下，通过与基金会的互动，正如法国托克维尔说的“每个人都知道社会的普遍繁荣与他们本身的幸福是一致的，每个人都习惯于把社会的繁荣看作是自己的劳动成果，每个人都认为公共的财富也有他们的一份，并愿意为国家的富强而效劳。”

因此，公民的公益行为与中国公益基金会发展要共同走向“公共善”的治理，形成良好的互动，这就需要两者之间形成一种信任合作的伙伴关系。信任作为社会资本的一个重要形式，一方面弥漫在社会生活的每个角落，时刻触动行动者个体，有着极强的个人性；另一方面又作为一种社会关系，浸润着制度、结构等社会性因素。按照美国学者福山的定义，信任是一种普遍的文化特性，是人们从一个规矩、诚实、合作、互惠的行为所组成的社群中分享的规范和价值观中产生出来的一种合理期待。现实的经验告诉人们，相互信任是社会交往活动得以顺利进行的一个重要条件，也是维护一定社会秩序的重要条件。社会信任使公民社会里的集体活动较易于进行。在一个社会中，相互信任的程度越高，进行合作的可能性就越大。应该看到，在中国，公民的公益行为中还大量存在着对基金会不信任的情绪和行为，很多人捐助时的一个抱怨就是：我也见不到受助者，谁知道我的钱到哪里去了？志愿者则会想：怎么没有人出来说一声“谢谢你”？

信任危机一部分来源于中国传统社会结构所形成的慈善观念。中国传统社会是一种“熟人社会”，其社会信任的模式可以说是一种“因亲情而信”。中国传统的社会结构正如费孝通先生所言，是属于遵循差序格局的乡土社会，即人与人之间以人伦亲属为序，一圈一圈地向外扩散。凡与自己有亲属关系的为近，无亲属关系的为远；相识者为近，不相识者为远；与自己有利益关系者为近，无利益关系者为远。韦伯也提出中国人的信任是“建立在亲戚关系或亲戚式的纯粹个人关系上面”的，是一种凭借血缘共同体的家族优势和宗教纽带而得以形成和持续的特殊信任。因此对于那些置身于这种血缘家族关系之外的其他人，即“外人”来说，中国人是普遍地不信任。

对于中国大多数企业来说，人们对于企业的社会责任感普遍表示担忧。在物质生活日益丰富、精神生活也迅速发展的当今社会，人性中的“善”日益凸显出来。作为承担社会责任的重要方面，企业和企业家的公益行为往往备受瞩目。作为企业社会责任的重要方面，企业和企业家的公益捐赠日益受到社会重视。无论是民营企业家们出于对良知良心、责任义务、自身安全的考虑，社会学家、经济学家出于社会公平、社会良性运转的考虑，还是当今中国社会贫富差距正在逐步加大的现实等等，都在重复强调着企业家捐赠的必要性和重要性。企业捐赠不仅是社会福利资源的一个重要来源，而且日益成为现阶段乃至未来全球企业发展战略的重要组成部分。全球一体化的快速发展使得企业的市场拓展和社会渗透力进一步加强，越来越多的企业摒弃了单纯的商业化操作思路，取而代之地采用了社会化的发展思路，其中，公益捐赠越来越成为企业开拓社会空间的重要策略。

《国富论》与《道德情操论》

亚当·斯密被尊为“市场经济之父”，他以《国富论》与《道德情操论》这两部书立世，两部书却揭示了两种不同的人性:《国富论》揭示了人的物质属性是利己的;而《道德情操论》则指出人的精神属性是利他的。

《道德情操论》中的观点:同理心让我们能够站在其他人的角度上看问题，也能站在一个公正的旁观者角度上看问题。同理心是道德观的基础，但它也有一些问题。同理心让我们希望得到别人的夸奖和羡慕，而且我们更容易对那些有钱的人而不是穷人产生同理心，这让我们的本性非常虚荣。

但如果站在社会的角度来看，我们的这一本性是好的。因为我们虚荣，想要得到别人的爱和羡慕，我们才会去消费。因为每个人自私的本性，这个社会反而能够非常顺利地运转。

在《国富论》里，斯密进一步指出了这一运转的基础是什么，也就是市场这一“看不见的手”。他举了几个例子，比如农场主因为想要城里的一些小装饰品（baubles and trinkets），所以源源不断地向城市输送农作物，这让城市的繁荣发展成为了可能。农场主绝不是因为对城里人的同情或慈善才送给他们食物的，而完全是因为自己的利益，但这样反而让城市更好更持续地发展。斯密说，顾及自己的利益、想让自己更开心是没有问题的，而且国家就是应该让人民都更开心的。因此他认为国家主要的目的应该是提高人民的生活水平，而不是当时更主流的一些观点，比如增加国家财富。

《国富论》中的利己主义的人性假设和《道德情操论》中人类同情心的人性假设历来被视为斯密悖论。

诺贝尔经济学奖得主阿马蒂亚·森这样评价亚当·斯密的《国富论》与《道德情操论》：在经济学的发展历程中，由于人们只看到斯密在其《国富论》中论述资本主义的生产关系，重视经济人的谋利心理和行为，强调“自利”，却相对忽略了其在《道德情操论》中所重视的社会人的伦理、心理、法律和道德情操，从而曲解、误读了亚当·斯密学说。

自利与利他

亚当·斯密虽被誉为“经济学之父”，《道德情操论》和《国富论》中尽管也存在对“经济人”的描述，但却找不到“经济人”的概念。据考证，约翰·穆勒在1836年所写的《政治经济学定义及研究这门学问的哲学方法》被视为“经济人”的最初出典，文中写道：“政治经济学预设了一个对人的任意定义，把人看作必然是在现有知识水平上以最少劳动和最小生理节制以获取最多必需品、享受和奢侈品的群体。”

按穆勒对“经济人”的界定，不外乎三点：自利、理性和追求效用最大化。理性有画蛇添足之嫌，因为它包含在自利之内，称“经济人”自利就不必再言“经济人”理性，因为自利有强弱高低，原本就已是选择和算计，属于地道的理性；要不然，人怎么知道去利己呢？简言之，“经济人”就是两个基本点：人是自利的；人追求效用最大化。

正如斯密在《道德情操论》中所坦言：“毫无疑问，每个人生来首先和主要关心的是自己。”说句实在话，人不自利，“我”不关心“我”，还关心谁？谁还关心“我”？不妨用反证法来证明一下：假设存在一个毫不利己而专门利人的人，那他利谁呢？这是他每时每刻不得不思考的问题，若对对方有一个选择的话，他凭什么标准来对对方作出判定呢？能定一个标准的人必定有“我”，必须自利，这与他的毫不利己而专门利人相互矛盾。

也存在另一种可能，那就是所有的人都毫不利己而专门利人，而非某一个人或某一批人毫不利己而专门利人。如果是这样，所谓的毫不利己而专门利人就是人心中的利。即是说，如果所有人都利他，那利他即自利——这与所有的人都毫不利人而专门利己的社会没任何两样，而是完全一个样：所有的人都利他的社会和所有的人都利己的社会实质上是同一个社会，前提是在利己的时候不去损害他人的利益，或者说自利的基础不是以他人利益的减少。也就是说以上命题的前提条件是整个社会达到经济学所谓的帕累托最优状态。

一直有人憧憬人性利他的美好社会，认为人人利他的社会才是“君子国”。其实这只是想当然，没有细思量，只想到别人都会来利自己，而没想到自己也需要去利别人——自己正是别人的他，如自己不去利别人，别人又怎么会来利自己呢？如果人确实不需要利，则另当别论；但人作为生命是需要利的，“己”也像“他”一样是同样的人，为什么就不需要利呢？与其每个人都拐弯抹角让别人来利，还不如每个人直接自己利自己——“我”性自利，道理很简单，节能！

这并非否认仁人志士的存在，相反，从人性的自利可以推断出如何识别真正的仁人志士，那就是不自封，以别人和社会的认同为据。如单方面从动机来判定一个人是否是仁人志士，那么仁人志士会很容易被人冒充，甚至最后全社会都认贼作父。不论一个人怎么自认为崇高无私，如何代表真理、正义和公道，乃至如何爱护天下苍生，在别人还没有理解和认同之前，就只是一个人的事，甚至一切就只是这个人的私利。

西蒙对经济人理论进行了重新界定，提出了著名的“有限理性”理论。他从信息不完全出发，认为经济人不可能获得完全的信息，追求“最优”是不可能实现的，“次优”和“满意”才是经济人最可能实现的目标。此外，西蒙对利他行为也进行了比较详尽的阐述。西蒙对人类行为中的利他主义在何种程度上符合新达尔文主义和新古典经济学理论进行了考察，并得出了结论：利他主义完全与达尔文的顺从性、适应性、有限理性等理论相容，利他行为是被生物界所承认的，是存在的，并且利他行为会对经济行为产生重大影响。社会科学和行为科学把利他主义定义为“为了另一个人的效用而牺牲利他主义者效用的行为，用他或她的效用函数来度量。”在进行经济学解释时，利他主义是“如果为了另一个人的财富或权力而牺牲了自己的财富和权力，那么这种行为就是利他主义的，如果寻求最大化的财富和权力，则这种行为就是自私的。”并且西蒙认为运用利他主义可以对公共产品进行更好地解释。

贝克尔对利他主义的分析是在家庭和市场中进行的。贝克尔认为“利他主义鲜见于市场而多见于家庭的主要原因是在于市场交换中利他主义的效率低，而在家庭生活中利他主义的效率较高。”而且贝克尔谈到“最近的研究表明，在市场竞争中，有目的的行为比随意的、无目的的行为有更强的生命力。但是这些探讨并没有说明，利他主义的有目的的行为是否与有目的的利己主义的行为有同样长久，或者有更强的生命力。”而且当市场交易中利他主义行为和利已主义行为发生冲突时又应该如何解决，贝克尔认为斯密当时也没有给出回答，但贝克尔给出了这样一个观点：“在市场交易中，利他主义是无法同利己主义进行竞争的。”因为利他主义者在市场交易中对自己的产品和服务所要求的价格总是低于市场价格，所以他们一般总是得到较少的利润和其他货币收入，接受了部分精神收入来替代货币收入，但精神收入在市场中又是无效率的，所以利他主义不具有普遍性。贝克尔还认为即使会存在一些利他主义者，但利他的行为表现却更像利己，因为“他们会通过与市场交易无关的现金交易来表达其利他主义。这一观点早已被 19 世纪末 20 世纪初美国制造业头面人物的喜剧性行为所说明。这些人本来都是一些臭名昭著的利己主义者，但却为慈善事业捐赠了巨款。”也就是在市场交易中效率较高的参加者可能有较高的利他主义倾向，但这种倾向却是大量利己行为中的局部表现。对于经济学中的利己与利他，贝克尔认为“在过去的 200 年里，有关探索利己主义的经济效应的模型得到了极大的发展，因此在这期间，经济科学已经使亚当・斯密的洞察力细化了。现在已知的利己主义在不同市场类型中配置资源的方式是非常多的，然而不幸的是，一个同样复杂的关于利他主义的分析模型却一直没有被提出来，我希望关于利他主义的分析能够成为这一模型进一步发展、完善的起点。”实际上关于利己与利他的关系，许多著名的经济学家如 Arrow、Samuelson 以及 Sen 等都曾经指出，在现实中，人们是有限自私自利的，常常会关心他人的利益，关心物质利益的分配是否公平。近些年来，在博弈论的推动下，一些经济学家通过实验——最后通牒博弈、单方指定博弈、礼物交换博弈和信任博弈得出了人们完全自私自利的假设并不能成立。似乎大家已经统一趋向了“有限利己、有限利他”的这种利己、利他关系。

西方福利经济学

福利经济学作为一个经济学的分支体系，首先出现于20世纪初期的英国。1920年A·C·庇古的《福利经济学》一书的出版是福利经济学产生的标志。第一次世界大战的爆发和俄国十月革命的胜利，使资本主义陷入了全面的经济政治危机。福利经济学的出现，是世界、首先是英国阶级矛盾和社会经济矛盾尖锐化的结果。西方经济学家承认，英国十分严重的贫富悬殊的社会问题由于第一次世界大战而变得更为尖锐，因而出现以建立社会福利为目标的研究趋向，导致了福利经济学的产生。1929—1933年世界经济危机以后，英美等国的一些经济学家在新的历史条件下对福利经济学进行了许多的修改和补充。庇古的福利经济学被称做旧福利经济学，庇古以后的福利经济学则被称为新福利经济学。第二次世界大战以来，福利经济学又提出了许多新的问题，正在经历着新的发展和变化。

1929—1933年世界经济危机以后，英美等国的一些经济学家在新的历史条件下，对福利经济学进行了许多修改和补充。

边沁的功利主义原则是福利经济学的哲学基础。边沁认为人生的目的都是为了使自己获得最大的幸福、增加幸福总量。幸福总量可以计算，伦理就是对幸福总量的计算。边沁把利益说成是社会的普遍利益，把趋利避害的伦理原则说成是所有人的功利原则，把“最大多数人的最大幸福”确定为功利主义的最高目标。

帕累托最优状态的概念和马歇尔的“消费者剩余”概念是福利经济学的重要分析工具。帕累托最优状态是指这样一种状态，任何改变都不可能使任何一个人的境况变得更好而不使别人的境况变坏。按照这一规定，一项改变如果使每个人的福利都增进了，或者一些人福利增进而其他的人福利不减少，这种改变就是有利的；如果使每个人的福利都减少了，或者一些人福利增加而另一些人福利减少，这种改变就是不利的。

马歇尔从消费者剩余概念推导出政策结论：政府对收益递减的商品征税，得到的税额将大于失去的消费者剩余，用其中部分税额补贴收益递增的商品，得到的消费者剩余将大于所支付的补贴。马歇尔的消费者剩余概念和政策结论对福利经济学也起到了重要作用。

20 世纪 30 年代，庇古的福利经济学受到 L·C·罗宾斯（1898—1984）等人的批判。福利经济学的主张和要求没有科学根据。继罗宾斯之后，N·卡尔多、J·R·希克斯（1904—）、A·P·勒纳（1903—1982）等人从帕累托的理论出发，也对庇古的福利经济学进行了批判。同罗宾斯不同的是，他们认为福利经济学仍然是有用的。1939 年，卡尔多发表《经济学的福利主张与个人之间的效用比较》一文，提出了福利标准或补偿原则的问题。此后，希克斯、T·西托夫斯基（1910—）等人对福利标准或补偿原则继续进行讨论。主张把交换和生产的最优条件作为福利经济学研究的中心问题，反对研究收入分配问题。卡尔多、希克斯、勒纳、西托夫斯基等人建立在帕累托理论基础上的福利经济学被统称为新福利经济学。

新福利经济学主张效用序数论，认为边际效用不能衡量，个人间效用无法比较，不能用基数数词表示效用数值的大小，只能用序数数词表示效用水平的高低。新福利经济学根据效用序数论反对旧福利经济学的福利命题，特别是第二个命题，反对将高收入阶层的货币收入转移一部分给穷人的主张。

新福利经济学根据帕累托最优状态和效用序数论提出了自己的福利命题：

个人是他本人的福利的最好判断者；

社会福利取决于组成社会的所有个人的福利；

如果至少有一个人的境况好起来，而没有一个人的境况坏下去，那么整个社会的境况就算好了起来。

前两个命题是为了回避效用的计算和个人间福利的比较，从而回避收入分配问题，后一个命题则公然把垄断资产阶级福利的增进说成是社会福利的增进。

新福利经济学家认为福利经济学应当研究效率而不是研究水平，只有经济效率问题才是最大福利的内容。勒纳、H·霍特林（1895—1973）等人对经济效率问题作了论述。经济效率指社会经济达到帕累托最优状态所需具备的条件，包括交换的最优条件和生产的最优条件。交换的最优条件是，对于消费两种商品的两个交易人来说，就是每一个人每一对商品的边际代替率完全相等。边际代替率是指消费者在保持某一固定的满足水平时，每增加一种商品的单位数量所必须减少的另一种商品的单位数量。生产的最优条件是，对于用来生产两组商品的两种生产资源来说，就是每一组合的边际技术代替率相等。边际技术代替率指的是在保持固定的产量水平时，每增加一种生产资源的投入量所必定减少的另一种生产资源的投入量。新福利经济学把两个消费者的两种商品交换的最优条件和两个生产者使用两种生产资源来生产两种产品的生产的最优条件推广到全社会的交换和生产，分别求出社会无差异曲线和社会等产量线，前者意味着任一商品组合都能使社会的每一消费者得到相等的满足，后者意味着任一资源组合都能使社会的每一生产者得到相等的产量。新福利经济学认为，当整个社会交换的最优条件和生产的最优条件都同时得到满足时，也就是当整个社会的交换和生产都最有效率、都达到最优状态时，整个社会就达到了最优状态，就达到了最大社会福利。

补偿原则是新福利经济学的重要内容之一。新福利经济学认为，帕累托最优状态“具有高度限制性”，不利于用来为资本主义辩解，为了扩大帕累托最优条件的适用性，一些新福利经济学家致力于研究福利标准和补偿原则。卡尔多首先提出：如果在情况 A 下，受益者在补偿受损者之后，仍然比情况 B 好，那么对社会来说，情况 A 就比情况 B 好。希克斯对卡尔多标准作了发挥，提出：如果在情况 A 下，受损者没有办法诱使受益者不将 B 变为 A，那么对社会来说，情况 A 就比情况 B 好。西托夫斯基对卡尔多标准和希克斯标准作了补充，提出检验福利的“双重标准”：如果受益者能使受损者接受将 B 变为 A，然而受损者却没有办法诱使受益者不将 B 变为 A，那么对社会来说，情况 A 就比情况 B 好。卡尔多、希克斯等人被称为补偿原则论派。他们的核心论点是，如果任何改变使一些人的福利增加而使另一些人的福利减少，那么只要增加的福利超过减少的福利，就可以认为这种改变增加了社会福利。按照这一标准，只要垄断资本家们的境况好起来，而不管多少人的境况坏下去，都可以说是增大了社会福利。

近年来，西方经济学家着重对福利经济学的以下领域进行了讨论：外部经济理论、次优理论、相对福利学说、公平和效率交替学说、宏观福利理论。这些“新”理论一方面企图说明现代西方国家可以通过政府干预调节价格和产量，以实现资源的合理配置；另一方面企图说明现代西方国家的分配制度虽不合理，但是如果加以改变，则可能更不合理，一切人为的改善分配状况和增进福利的措施都是无效的。

第三部门

古典经济学家认为，“市场是一部运作精巧、成本低廉、效益最佳的机器，有效地调节着经济运行和各个经济主体之间的活动”。但市场却无法自动达到帕累托最优状态，在国民经济的综合平衡、外部效应、公共物品、社会分配、限制垄断、抑制经济波动、社会道德以及信息的不充分和不对称等方面也会失灵。于是就不得不借助政府力量予以矫正和弥补，这就为政府干预提供了理由。然而，市场失灵并不是政府干预的充分条件，市场机制解决不了的问题，政府也不一定能解决，即使能解决，也不一定比市场解决得更好。因为，同样存在着情况更为严重的政府失灵，这是由于政府行为并非永远代表公共利益、信息不完全和政府能力有限、政府干预市场的成本扩张以及政府机构及其官员的寻租与腐败等。所以，沃尔夫说：“市场与政府间的选择是复杂的，而且通常并不仅仅是这两个方面，因为这不是纯粹在市场与政府之间的选择，而经常是在这两者的不同组合间的选择以及资源配置的各种方式的不同程度上的选择。”

商业组织解决社会问题的优势是：通过分工和专业化生产促进投入产出效率；通过为个体提供充分的激励来提高投入产出效率；市场通过对社会成员的需求进行评估来保证资源配置效率的实现。其缺陷是：垄断与效率损失、公共物品与效率损失、外部效应与效率损失、信息不对称与效率损失。

政府途径的优势：政府能够有效克服“搭便车”的现象所造成的负面影响；减少协调成本，提高行动效率；影响范围广泛。政府途径的缺陷：绩效评估困难，缺乏监督和激励；缺乏竞争，效率低下；体制僵化，政府机构缺乏活力；明珠投票成本过高；缺乏保护少数人的机制；地方利益与全局利益有冲突；政治周期对经济和社会的负面影响。

鉴于政府与市场组织都存在着固有的缺陷，二者并不是零和关系，我们可以在“看不见的手”和“看得见的手”这两只手之外寻找“第三只手”，即第三部门——公益性组织，在政府与市场之间建立一种缓冲力量。现代社会存在大量的公共事务管理活动，政府是这些管理活动的核心主体，但政府从来没有、也不可能提供全部的公共服务与产品，除政府之外，还必须要有第三部门参与其中。第三部门有多种定义，在这里把它当作国家或政府之外的所有民间组织，包括非政府组织、公民的志愿性社团、协会、社会组织、利益团体和公民自发组织起来的运动等，其有三个显著的特点，即非官方性、独立性和公益性。

在公共管理领域中，政府、市场与第三部门具有同等重要的地位。从一般意义上讲，政府是公共管理活动的重要主体，其目的不是营利，而是有效地增进、公平地分配社会公共利益。市场是通过价格的变动和供求的变化自发配置资源的过程。政府不是万能的，市场也不可能是全能的，把市场泛化会带来很多弊端。随着新公共管理运动的兴起，第三部门在公共管理中发挥着越来越重要的作用。

第三部门与政府都能克服市场的某些不足，也都具有提供公共产品和服务的职能。第三部门不同于政府，虽然不具备政府职能，但是它能起到政府起不到、政府也不应当起的作用。我国公共管理的实践已经证明了单独依靠政府或者市场的力量来发展经济显然行不通的。例如，在我国目前的农产品质量安全管理中，由于只靠政府的力量去进行管理，而忽视了市场和第三部门的作用，导致管理中出现了一系列的问题。要解决这些问题，只有在政府、市场与第三部门之间建立起一个有效的互动网络，逐步形成政府、市场与第三部门协调统一的局面，使三者的优越性都能得到充分发挥，才能高效增进并合理分配社会利益。

社会组织的力量

社会组织是社会公共服务的主要提供者和社会公共利益的重要维护者，与政府、企业共同构成现代社会的三大组织支柱。在解决民生问题中，我国的社会组织在聚集社会资源、满足民众多层次需求、缓解社会矛盾等方面有其无可替代的作用。

当今我国社会的社会组织是随着改革开放和社会转型而发展起来的。社会组织，又称“民间组织”“非政府组织（NGO）”“非营利组织（NPO）”等，泛指在一个社会里由各个不同社会阶层的公民自发成立的，在一定程度上具有非营利性、非政府性、自治性、自愿性和社会参与的广泛性等特征的各种组织形式及网络形态。

社会组织在解决民生问题中的重要作用毋庸置疑，其功能不断完善和作用不断增强为社会管理改革和社会事业发展奠定了坚实的基础。

社会组织能够实现力量的整合，聚集多方社会资源。

在解决民生问题中的一大优势是其广泛的社会性，不仅社会组织成员来自社会的方方面面，更能利用其自身覆盖面广的特点聚集到社会的优势资源。如天津市妇女儿童发展基金会是以“关爱妇女儿童，促进全面发展”为宗旨的公募基金会，是具有独立法人资格的民间社团。近年来广泛募集社会资金、聚集社会力量，在困难群众救助中发挥了积极作用。仅就单亲困难母亲救助资金募集而言，基金会做到财政支持与社会募集相结合，实现资金的持续增长。在争取财政支持的同时利用各种有利时机，大力宣传基金会的公募性及开展的救助活动，动员社会力量，倡导爱心企业、爱心人士捐款捐物，广泛募集社会资金和物资，以取之于民用之于民的方式救助困难群体，在一定程度上分担了政府的经济负担，也使得困难群体救助更具有针对性并收到了立竿见影的效果。

社会组织能够全方位服务，满足民众的多层次需求。

民生问题，不仅仅是经济问题。在收入分配、劳动就业、教育、卫生、社会保障等每一个方面包含着多层面的结构性矛盾的同时，也蕴含着广大民众不同层面的需求。并在国家没有能力供给而社会又有需求时，在政府拉力与社会推力的作用下，产生了相应的社会组织并承担起某种社会责任，弥补了政府难以满足的社会需求“缺口”。比如随着城市体制改革，单位人变为社会人，下岗失业人员增多，社区内各种问题不断显现，人们需求日益多样化。而另一方面，商品房小区的开发建设和单元房的普及，使得邻里之间“老死不相往来”成为普遍现象。如何加强社区建设、做好社区服务，是新形势下政府工作遇到的新问题。2002 年湖北荆州东城街道创办了首家“爱心银行”——荆东社区“雷锋互助社”，开展好人好事“储蓄”与“支取”服务，创造了以多元融合为特色、以灵活创新为持续生命力的义务性社会服务模式，利用社区自身的力量为社区居民提供了多样化和多层次的服务，使居民的多重需求得到满足，弥补了政府和市场的双重失灵，实现了政府与社会的双赢。

社会组织支持弱者，维护民众合法权益。

由于多年来我国经济社会发展不平衡、地区间发展不平衡，当今社会的两极分化进一步加剧，社会中的弱势群体及其问题日益凸显。在巨大的社会需求的催生下，近年来，在社会改革进程中起源于民间的社会组织在支持弱者、维护民众合法权益方面做了大量有益的工作。比如北京市农民工法律援助工作站定位于社会公益法律援助机构，集中办理农民工法律咨询和法律援助案件，也带来了法律援助管理的体制创新：一是政府由个案指派变为集中授权某一机构专门办理；二是政府从个案监督变为对专门机构和个案的双重监督；三是创建了政府购买优质、超值法律援助的新模式；四是延展、扩大了农民工法律援助的范围；五是开展普法和法律研究，拓宽了法律援助的功能；六是培育了专职、专业农民工法律援助律师。实践证明，社会组织在解决特殊群体救助问题上有着不可替代的优势，而且较之政府更能承受风险，在一些需要尝试的探索性领域，比如艾滋病领域，政府并不适合介入，由民间组织去做工作，能产生更好的社会效果。

社会组织缓解矛盾，促进社会和谐稳定。

在社会生活领域，民生问题不仅仅是收入分配不均、教育和医疗卫生资源不均衡、工作和住房压力等显性的问题，也有由这些问题派生出来的人们的心理问题和情绪障碍，这些隐性问题是不可能靠政府的政令来解决的。而不同类型的社会组织通过沟通、咨询、社会服务、社会调解、互济互助等方式，都有助于这类问题的解决，进而起到丰富民众生活、缓解社会矛盾、有效地维护社会稳定、促进人与自然和谐发展的作用。这些社会组织不仅仅是经民政部门注册的正规社团和民办非企业单位，更多地是植根于民间的草根自组织。据尹志刚等对北京市西城区社会组织的调查，其与正式注册的社会组织相比，社区草根组织的业务反而能更多地体现出政府扶持的价值取向，其公益类服务为31.97%，公共服务为14.13%。研究认为，虽然社区草根组织的互益文体类活动占到45.72%，但是植根于基层社区的群众性互益文体活动，从其提升广大群众的身心健康和文化生活水平的角度看，是具有较强的公益性质的。这是社区的群众性互益，而不是一些社团的精英性互益。这类社会组织在缓解社会矛盾、增进互助互益和公益、丰富民众生活、促进人与人和人与自然的和谐发展方面发挥了积极的作用，促进了社会和谐稳定。

公益可以遍一切处

在很多人看来，公益和慈善是等同的，是有一定经济能力的人才能做的事。而一个刚参加工作两三年的年轻人，没有任何积蓄的人能做什么呢？其实，公益和慈善是两个不同的概念，公益包括慈善，但比慈善的范围要广得多，能推动整个社会朝着美好和谐方向发展的行为，都可以称之为公益，大到一些思想观念、制度、文化、经济、政治问题的解决，小到我们个人遵守交通规则、不乱扔垃圾、不使用一次性物品、不在公众场所抽烟等。从这个意义上讲，小到一个人，大到社会各个阶层、国家和整个世界都需要公益。

有人说，公益是为了影响他人或是改变自己；有人说，公益是帮助别人也是帮助自己；也有人说，公益是在做着互相帮助、温暖你我的事情。

公益认为，整个大自然、一切动植物都是平等的，生命应该互相尊重！生命需要公益！

公益之心，即是慈悲之心。让公益成为一种生活态度，你的人生会和从前不一样。

相比监督强权、反贪反腐，公益是用另一种方式阻止这个社会的沉沦。公益让无力者有力，让悲观者前行！

对于公益，我们可以从身边的小事做起，不断提高自身的道德、学养、认识水平、心态修养等，用自己的行为去影响身边的人，去教育下一代。很多事情看起来虽然很微不足道，很多道理我们都明白，比如不乱扔垃圾、不使用一次性筷子、遵守交通规则，但真正能做到的有几人？虽然看似是一些小事，但如果每个人都能坚持做好这些小事，那我们的交通是不是会更加井然有序，环境是不是会更加干净整洁，植被是不是会更加完好，灾害发生频率是不是会越来越低？答案是肯定的。所以我们要明白，我们的点滴行为都是有意义的。

对于大多数人而言，或许我们并不富有，我们在经济上给不了别人太多帮助，但我们可以去宣传一些正能量，我们可以给别人一些建议和思路，我们可以去唤醒一些人的权利意识。给一次面包只能解决一顿温饱，但唤醒他们自力更生的意识、授予他们一种谋生的技能，能解决他们一辈子的温饱。我们也是一个平凡的人，我们的话也不一定有预见性，但对不同的听者而言，可能会产生不同的效果，也可能会改变别人的人生。

不要认为公益是那些慈善家或者道德模范该做的事，其实我们每个人都应该有一颗公益心，每一个人都需要公益。因为我们生活在一个相互影响的集体中，我们的很多服务需要别人来提供，我们很多权利需要别人来保障。你或许会做衣服，但不一定会织布，就算你会织布，也不一定会生产织布所需要的各种原料，我们衣食住行各方面的需求不可能都靠自己来完成。只有人人都有一颗公益心，我们的明天才会更美好。

现代的公益更是人人参与的公益，不管是个人还是集体，人们通过各种公益活动、公益基金、公益网站等途径，通过直接参与、捐赠、公益广告、公益歌曲等方式参与到公益中来。在中国古代，倡导日行一善，就是指每天做一些我们力所能及的事情，帮助更多的人，让社会更加美好和谐。通过网络的传播，人们可以通过网络参与公益活动，真正实现高速、面广的效果，并且通过各个地方各种人的协作，才能让世界变得更美好。

穷人需要公益

“投资穷人”不是捐献金钱那么简单。捐钱做慈善、不求回报，只是单向的公益。而“投资穷人”不是“授人以鱼”，而是要“授人以渔”。授人以鱼是一次性的，但授人以渔却是长期可持续的。真正对穷人的帮助，不是简单地给他们捐献一些钱，而是应教会他们如何挣钱。在教穷人挣钱的过程中，企业也可以从中获利。

全球首富比尔·盖茨告诉中国企业家们，“为穷人投资所获得的回报，和在商业领域取得的成功一样精彩，甚至更有意义。”

每每提到盖茨，我们不仅会想到他一手缔造的划时代的微软公司，而且会想到他的慈善事业。他与夫人美琳达·盖茨一起创办了慈善组织比尔与美琳达·盖茨基金会，在为贫穷学生提供奖学金、艾滋病、疟疾与肺结核防治方面做出了巨大贡献。

盖茨如此，美国钢铁大王卡耐基亦如此。卡耐基留下的那句“在巨富中死去是一种耻辱”更是触动了企业家的灵魂。放下妄欲，放下贪念，热心公益，这已经成为很多企业家的终极追求。

不做财富的守财奴，对于企业家和富人来说，这是一种美德。财富可以集中，但很难隔代垄断。据美国布鲁克林家族企业学院的研究表明，约有70%的家族企业未能传到下一代。美国麦肯锡咨询公司的研究结果也差不多：所有的家族企业中，只有15%的企业能延续三代以上。专家还指出，具体到中国，情况更糟，三代可能要改为两代。

透视中国的富人阶层，第一代创富者具有累积财富的基本要素及个人奋斗动力，即使偶然挥霍也具有自然的道德反省能力，以维护来之不易的财富。“富二代”由于与创富者的生活环境完全不同，尤其是创富者往往给予了他们远超社会常规的优越生活条件，一个自我优越感极突出的孩子，他是否有能力和魄力来担当继富的重任呢？回答多是否定的。况且，按照社会精英的产生路径来看，世袭的富人成不了精英，精英都是在开放社会的竞争中产生的。

正因如此，富人留给后代以财富不如留给他们积极健康的价值观。而对整个社会而言，个人脱离家庭越早，家庭的财富、地位对个人成功的影响越小，社会平等度和流动性都会因此增加。

各种各样的理由都在劝导企业家和富人们多多行善。当然，对于企业来说，它首要的责任是保持利润以维持企业的正常运转。投身慈善算不算责任，于中国的现实情况而言，这一点还不能妄下结论。无论比尔·盖茨如何恳切，“投资穷人”也只是一种价值倡导，而不能成为强制手段。

有意思的是，当舆论围观比尔·盖茨“投资穷人”时，我们注意到多数舆论都将“投资穷人”和公益慈善完全划上了等号。既然是“投资”，那么一定是有回报的，无论投资的对象是“穷人”还是“富人”。所以，在我们看来，“投资穷人”不只是捐献金钱那么简单。捐钱慈善，这是简单意义上的慈善，它不求回报，只是单向度的公益。而“投资穷人”不是“授人以鱼”，而是“授人以渔”。授人以鱼是一次性的，但授人以渔确是长期可持续的。真正对穷人的帮助，不是简单地给他们捐献一些钱，而是应教会他们如何挣钱。在教穷人挣钱的过程中，企业也可以从中获利。从这个层面看，“投资穷人”不仅仅需要企业家观念的更新改变，更需要社会制度的扶持。

当然，投资穷人和投资富人，给企业家带来的收益有着很大区别。所以，“投资穷人”也需要智慧和勇气，以及胆识。但用比尔·盖茨的话来说，“为穷人投资，是有效改善不平等的强大力量”。穷人为什么穷，是因为他们缺少改善自身条件的力量和机会，这种力量不是单向度的慈善捐献就可以改变的。通过企业家的项目投资以及为穷人提供的种种机会，当穷人的社会地位及境遇有所改观时，社会的不平等现象才会有所缓解。

李嘉诚也说过，“强者特别要学习聆听弱者无声的呐喊，没有怜悯心的强者，不外乎是个庸俗匹夫。”企业家“投资穷人”的前提条件是首先有一颗慈善怜悯的心。我们赞成企业家投资穷人的价值倡导，但不赞成舆论把“投资穷人”和单纯的公益慈善划上等号。投资穷人，企业家也完全可以逐利，这并不会使他的道德形象打折扣。

富人需要公益

第一，做慈善也是一种追求个人幸福的方式，慈善是人的本心。慈善是不求直接回报地对他人提供帮助。人类都在追求幸福，幸福并不过多地与物质财富、个人享受联系起来，这就决定了人类的财富有一部分是物质财富，另一部分是非物质的，这一点就是别人对你怎么看，你在别人心目中的形象是什么样的，这点是非常重要的。你吃得再好、穿得再好、开再好的车，人家见了你都瞪白眼、都鄙视你，你会幸福吗？一个人的幸福很大程度上是与其他方面相联系的。

我们生活在社会中，怎么得到别人的尊重？就是我们能为别人做什么，而不是从别人那里拿到什么。现在的富人做慈善也是他追求自己幸福的一种方式。当然，也有很多守财奴。守财奴之所以守财不是因为自私，而是因为无知。

真正有知的理性的人，是不会变成守财奴的。因为你不可能把财富带到棺材里，你一定希望以最好的方式把财富花出去。现在很多人会把财富留给孩子，孩子以后不干活都可以活得很好，这是愚蠢的人。凡是把财富留给孩子，让孩子不努力就可以活下去的人，会有什么好结果？反而是把财富花出去，让孩子靠自己的努力活得像个人，结果会比较好。

第二，财富的增长扩大对慈善非常重要，资本主义是可以使人类的慈善之心得到最大发挥的体制。人类自古以来就有慈善，到了资产阶级以后，这个慈善发挥到了最大的程度。资老师说它还在演化，授人以鱼不如授人以渔，这就是在建立一种生态。

资本主义确立了私有财产制度，我们认为私有财产是万恶之源，私有财产使人变得自私。其实亚里士多德在2000多年前就讲到，一个社会没有私有财产，人就不会有慈善之心。人的偏好和需求是有层次的，如果社会财富只能满足最基本的生存需要，真的很难有慈善之心。他吃的有限、住的有限，怎么能够使他活得更有意思、更受人尊重呢？资本主义就是人类创造财富，财富的增长扩大对慈善是非常重要的。

财富取之于社会，用之于社会。如果你做一个企业，生产的东西别人不喜欢，你怎么可能富有？财富本身是人创造的。当一个人富有以后，他没有什么可害羞的，这是他靠努力获得的。而不是说太愧疚了，社会给了我这么多财富，我该想着怎么回报它。如果是偷来抢来的，那是为了漂白，也不是出于慈善之心。

市场化会产生跨部落的慈善之心。心理学家和人类学家有一些实验研究发现，社会的市场化程度越高，人们越愿意给陌生人提供帮助。在市场经济发展程度不高的情况下，人们有部落慈善之心，就是在一个家族或者村庄里面，大家会互相帮助。只有在资本主义下，人们才会有跨部落的慈善之心。

资本主义是和陌生人之间的合作，而慈善就是陌生人之间提供帮助。中国发生地震了，美国、日本、英国都会给我们提供帮助。同样的，日本发生海啸，我们也会提供帮助。这在传统的非市场经济国家里是真的不可能的。资本主义市场经济就是人的慈善之心发展到最高的经济。

第三，在自由、公正和法治的环境下，创造财富的人更愿意通过慈善事业与他人分享财富。如果财富是在不公正的情况下得到的，或者你没有得到应该得到的财富，人们都不太容易有慈善之心。真正的市场经济下人们会更有慈善之心。

这一点对于我们思考中国的问题是非常有帮助的，我们怎么建立真正的自由、公正、法治的社会。当我在做生意的时候，受了各种委屈、被各种人欺负，即使赚钱了，心里也是很不舒服的。我宁可把财富糟蹋了，也不会给别人。这种愤恨不满的情绪就会影响到他做公益慈善这些事情。

地球需要公益

全球最顶尖的科学家告诉我们：我们生活在越来越热的地球上，当大气受到大量污染排放影响的时候，气候会发生变化，会造成地球温度升高，从而引发温室效应。

全球暖化会引发气候危机，出现极端天气。本世纪末（百年之内）全球气温可能升高 1~6 摄氏度。一个越来越热星球的未来会是什么样子呢？当气温上升 1 摄氏度，非洲大陆的冰雪将会荡然无存，北极冰圈将会半年不结冰，北极熊、海象和环斑海豹在地球的北端会从此销声匿迹；当气温上升摄氏 2 度，格陵兰岛冰原会彻底消融，全球海平面会上升 7 米（上海、珠三角等将会淹没）；当气温上升 3 摄氏度，亚马逊河流域的热带雨林，大部分会在大火中被烧毁，上亿难民会从干旱的亚热带地区迁移到中纬度地区；当气温上升 4 摄氏度，整个北极洋冰帽也会消失，全球海平面会上升 5 米，伦敦周边夏季气温将达到 45 摄氏度；当气温上升 5 摄氏度，会导致两极均没有冰雪存在，南极洲中部可能有森林生长，海洋中大规模的物种会灭绝，大规模的海啸也将摧毁海岸；当气温上升 6 摄氏度，高达 95%的所谓物种会灭绝，地球上的生物将在超级暴风雨、洪水、硫化氢气体、以及甲烷火球中，带着原子般的力量、流窜在地表，唯一能生存的只有细菌。

为什么政府、环保部门和媒体不大力宣传素食，加入环保，拯救地球呢？为什么媒体总是把干旱和洪水孤立起来，却不知道环境已经很脆弱了呢？为什么只有环保志愿者在挥舞手中的旗帜？动物何时才能解放？人类生存危机何时才能得到解放？

那么，应该如何改变我们的生态环境？生态环境是指由生物群落及非生物自然因素等各种生态系统所构成的整体，主要或完全由自然因素形成，并间接地、潜在地、长远地对人类的生存和发展产生影响。生态环境的破坏，最终会导致人类生活环境的恶化。但是，我们不得不面对的是近几百年来我们高速发展、尤其是工业高速发展的同时，生态环境却正在一步步走向衰弱，环境保护已然成了我们亟待解决的问题。

人类的进化过程实际上就是一个不懂得尊重其他生命的过程。一直以来，人类一厢情愿地视自己为众生之主宰，而将其他生命视若草芥。在遭到大自然的无情报复之后，人类的生态伦理观念又空前地懵懂起来，先后产生了人类中心主义、动物解放论与动物权力论、生物中心主义和生态整体主义四大生态伦理思想流派等。这种改变是对科学技术利用的进步，让我们认识到了人和自然之间的关系，让我们明白人必须要与自然和谐发展，才能更加美好地生活在这个地球上。为此，我们将以生态价值为取向，重建文化意识，重建生态化科学技术及其产业，重建生态经济秩序，广泛深入地开展生态工程的建设。

人类赖以生存和生活的地球，虽然环境资源很丰富，环境容量也很大，但毕竟是有限的。如果盲目地增加人口，盲目地发展生产和消费，必将会导致资源的短缺和枯竭。环境的污染和退化，削弱了人类未来生存条件的基础，损害环境质量和生活质量。因此，我们必须把人口、环境和社会、经济发展统一起来考虑，把对提高生产和消费的要求和对生态环境的保护协调起来进行规划，走一条可持续发展的道路。使经济发展既能满足人类当前的需要，又对子孙后代的生活环境不构成危害。

世界需要公益

公益事业，上善若水。宗教与公益有着不解之缘。比如，佛教呼唤“不为自己求安乐、但愿众生得离苦”；道教主张“齐同慈爱、济世利人”；伊斯兰教断定“只爱自己的人没有信仰”；基督教强调“施比受更有福”。比如，“千手观音”的启迪：别人有难，你要不惜一千次伸手助人；当你遇到灾难，就会有一千只手来帮助你。

真善美的东西是相通的，不论它以何种形式存在。但呼唤公益，当然不仅是宗教。

世界需要公益，我们同处一个充满各种危机的地球、一个充满全球性危机的时代。没有一个国家和民族能凭着侥幸或紧闭国门就幸免于难，没有一个国家和民族能仅靠自己的力量就从危机和灾难中拯救自己，没有一个国家和民族的危机和灾难不对世界产生影响，没有一个国家和民族对其他国家和民族的灾难无动于衷。

于是，呼唤公益，众说纷纭。

农民说，公益很简单，就是别人帮助了我，我也该帮助别人、帮助更多的人。30多年前地震，全国人民救了唐山，现在汶川、玉树遭灾，我不做点什么，心不踏实！

志愿者说，公益有“三好”，存好心，诚意菩萨好运到，心有圣贤，就像良田收成好；说好话，慈悲爱语如冬阳，鼓励赞美，就像百花处处香；做好事，举手之劳功德妙，服务奉献，就像满月高空照。

僧人说，公益要“四以”，以众为我——老吾老及人之老，幼吾幼及人之幼；以舍为得——舍得舍得，能舍方得；以和为贵——美人之美，天下和美；以敬为尊——施者更要尊重受者。

诗人说，公益是甜蜜的事业。授人玫瑰，手有余香。

哲人说，公益在公私间见高下。大公无私，圣人；公而忘私，贤人；先公后私，善人；公私兼顾，常人；私字当头，小人；假公济私，痞人；以公肥私，坏人；徇私枉法，罪人。公益，要提升常人，提倡善人，学习贤人，向往圣人；也要教育小人，揭露痞人，改造坏人，惩治罪人。

众人说，公益与慈善一样，需要人类的博大爱心；公益与慈善不一样，是每个人必须承担的责任。

“大道之行也，天下为公”。公益，乃“为天地立心”。呼唤公益，乃“为圣人立言”“为万世开太平”。

中国需要公益

中国需要公益。一则以喜——经济社会快速发展，中国和平崛起；一则以忧——若依赖于低工资、低地价、人口红利、土地红利的增长模式，发展难以为继，社会难以公平。老百姓说，现在我们“不差钱”，差的是公平、诚信、公益。因此，要尽快转变经济发展方式，社会要大力提倡公益事业。劳动不仅是基本权利，还要更加体面。社会不仅要更为富足，而且要充满爱心。人民要生活得更加幸福，更有尊严。

中国在过去的30多年里，经济增长以平均接近10%的速度，创造了一个世界奇迹，世界上连续30年超过10%的国家只有3个。但是中国经济在高速增长的情况下，也出现了两个负面情况：一是我们的环境不堪重负，北京的雾霾就是例子；另外，中国已经成为世界第二大经济体，人均GDP已经达到6000美元以上，属于中等收入水平。

与此同时，中国的基尼系数连续十年超过国际标准，也就是说中国是世界上贫富差距最大的国家之一。环境被破坏、社会矛盾增加，如果中国不解决这两个问题，可持续增长是不可能的。

要想解决这两个问题，显然只依靠政府的力量还不够。政府可以制定改善环境的许多政策，可以通过税收来解决一部分贫富不均的问题，但是仍然不够。西方国家解决这些问题的很多重要措施是社会的公益事业，所以对中国来说现在是发展公益慈善事业的时候了。

第一，中国有一句话叫“穷则独善其身，达则兼济天下”。就是你穷的时候只能自己好，你发达的时候才能帮助别人。因为一个人自己不能站起来的时候也不能帮助别人站起来。中国现在的经济增长达到全球第二大经济体，这个时候中国已经有能力开始做公益慈善事业了。先富起来的人，他们也应该有能力去帮助别人了。

第二，社会上有三种解决贫富差距的方法，就是分配制度。第一次分配是企业自己创造价值；第二次分配是政府通过税收来调节贫富不均；我们把慈善公益叫做第三次国民收入分配。而这种分配应该是有钱人发自内心的，是社会倡导的一种分配模式。

第三，我们的社会过去叫他组织，政府包揽一切。但随着社会特别是互联网的兴起，许多自组织、社会组织，不是政府可以指挥的组织，逐渐成长起来了。其中有很多是慈善公益组织。但是我们比起美国还有一定的差距，美国有 12 万个基金会，而中国只有 3000 多个。

第四，慈善公益已经成为一种价值观。过去是靠宗教的力量，西方过去也是靠宗教的力量，现在变成企业的一种内心的、内在的价值观，这会超越宗教的力量。

专业公益情怀

几乎世界上所有的人都有公益梦，也有很多人偶然出手做过公益，但可以肯定的是，这个世界上99%的人都不太可能成为公益行业的工作人员。

从这个角度来说，能成为公益行业从业人员的人，其实很少。这个“很少”就意味着，只有很少的幸运儿能有机会进入这个行业；这也意味着，留给每个人的公益机会并不多，如果遇上了机会不抓住，可能会终身与其失之交臂——这错失是如此彻底，以至于连感觉到后悔的机会都不再有。

人每天都在做出选择，选择适合自己的“动作”，行业也每天都在做出选择，选择适合自己的“对口精英”。当一个人涉及了公益行业而弃门不入的时候，其实更大的可能是这个行业把他舍弃，而不是他无法入门。

那些绝大部分无法进入公益行业的人，当然会有自己的合意频道。可惜的不是不合适的人与这个行业无缘，而是合适的人得不到进入这个行业的机会。就像我们可惜一个钢琴天才却要天天在银行当数钱员一样。好在当前这个社会已经比较多元化，多元就意味着人与行业之间有了交汇和结缘的多次机会。在震荡与感应间，总会有一次完美而持久的接触。

要当作家，当然得有作家的基本情怀，同样，要成为公益行业的工作人员，确实需要有一点公益情怀。这公益情怀说起来很简单，就是要热爱这个世界、要会感动，要在热爱和感动之后，“迷失于热爱和感动”中，由此付出一些必然要付出的代价。而在付出代价时，欣欣然不觉得这代价是在付出，而要觉得是在通过排除某种人生冗余而获得了新的增益。

你不仅仅要为世界上各种美好之事感动，也要在触碰、遭遇各种痛苦、残忍之事时，要发心起意去提供一点点自身的能力。用最通俗的话说，你得有感觉，还要有行动。绝大部分的人都只会有感觉，但不会有行动，或者只有偶然的行动，而无法有持续的行动。

公益情怀的内涵当然不仅仅包括这些，公益情怀还有一个非常重要的品质就是“喜欢边缘”。公益在全世界永远都是边缘之事。那些幻想“全社会一起做公益”的人永远是在沉醉于幻想。边缘容易引发的一个词汇是“被社会边缘化”，其实这是一个误解，任何一个社会都有其边缘，任何一个社会都有适合或者说喜欢边缘的人。如果你是一个喜欢在主流社会、通俗社会里浸泡的人，那么你进入这个边缘部落一定会非常不习惯。而如果你是一个天生不适合主流、通俗社会的人，那么你可能最适合的地盘就是边缘。

要提防一个危险，边缘并不是一成不变的，今天的边缘可能成为明天的主流，今天的主流也可能成为明天的边缘。因此，身处边缘的人永远要随时检视自身的存在，看自己有没有主流化。一个天生边缘的行业，一旦被主流化了，那么对这个行业的生机必然会带来摧毁性的影响，要想振作和复苏，就需要重新奋起，极力向边缘探去。

你会做公益吗？

授人玫瑰，手留余香。当我们的生活过得还算安好的时候，面对那些生活困苦需要帮助的人，帮帮忙、伸把手，尽自己的微薄之力做点公益，为社会增添一点温暖，帮助了别人，也欣慰了自己。我们做公益，不一定非要加入什么组织，个人也可以用自己的方式去做公益的。

为灾区捐款。天灾人祸总是不可避免的，当我们国家哪里有灾情的时候，贡献自己的一点绵薄之力，捐点款，不一定要很多，只要心系灾区就可以。

为贫困山区的孩子捐点衣服和书籍。当我们的孩子坐在宽敞明亮的教室里学习的时候，很多贫困山区的孩子不但上不起学，连衣服都穿不起，把我们自己孩子不穿的衣服捐出去，可以帮助到那些贫困的家庭。

做一个义务献血者。我们国家献血工作很紧迫，为了生病难以获得健康的人，献出自己有意义的血液，真的是一件高尚的公益事业。

超市门口都有捐款箱，不时投点零钱进去，小小的举动，会让多多的人收益。

看见街上岁数大的老人摆摊卖东西，如果天晚了她的东西剩的不多了，就把她的东西买下来，让她早点回家。

偶尔会遇到一些特殊的情况，也请伸出你的手去帮助他人。曾经有新闻报道，一个老太太卖山货收了一张百元假钞，她坐地上哭的时候，有一位路人心生恻隐，用自己的真钞换走了老人的假钞。如果我们遇到了，也该这样做，或者多买点老人的货，这样小小的善举，就是做公益。

有的家庭孩子患重病，无钱医治，如果有能力，就伸出援手，再小的力量也是一种支持。

濒死者怎么说?

印裔香港女孩安妮塔·穆贾尼送交“美国濒死经验研究基金会”的濒死经验是这样叙述的:

我罹患末期癌症(霍奇金氏淋巴癌)后,在家中接受护理。我要戴着氧气,由一位护士全职照料。2006年2月2日早上,我陷入昏迷醒不过来,丈夫打电话给我的医生,他指示要尽快将我送到医院。一位资深的肿瘤科医生看过我后,告知我丈夫我已处于弥留状态。我所有的器官已经停止运作,极有可能活不过36个小时。尽管医生说他会尽力而为,但他也嘱我丈夫做好心理准备。我的器官已失去功能,身体开始水肿,皮肤亦呈现病变,因此他们判断我很可能过不了这一关。医护人员为我用点滴注射混合药物,并在我身上插满各样的管子,以供应营养、药物和氧气。

我想在这段期间,我的意识是处于游离状态的。虽然陷入昏迷,我却能感知身边发生的一切。家人和医生们事后向我证实,整段时间我都在昏迷状态,但我却看得见和听得到丈夫跟医生们在离我40呎外的走廊的对话。之后,我跟丈夫确认这一段对话,这让他感到十分震惊。

在我昏迷期间,我真的“穿越”到了另一次元的空间,在那里,我被爱的感觉完全包围。此外,我十分清晰地知道,为什么我会得癌病?为什么我会来到这一世?在这伟大的生命计划之中,每一个家庭成员在我生命中扮演了什么样的角色？大致上生命是如何运作的？

在那状态中，我的理解和感受到的清明实在是难以形容，所经历到的非文字所能描写——在那地方，我认识到的东西是超乎我们个世界所能想像的。我觉知到生命是何等美好。我感受到了巨大的爱，这让我知道自己的力量很大，作为人类，我们生命中可以成就许多令人惊叹的事情。我现在的目标是要凭借这新的认知，让自己在人间活出天堂，并将这经验跟人分享。事实上，我是有选择的，我可以选择回来面对生命，抑或步向死亡。我被告知我的大限还未到，而我随时可做出选择，如果我选择死亡，我将不能体会此生仍留给我的很多礼物。起初，我不想回来，因为我身体有着重病，我不想回到这器官已经停止运作、皮肤满是伤口的一副躯体，但几乎是同时，我意识到如果我选择生命，身体将会很快复原，不需要等几个月或几个星期，而是在数天内，我将看到这分别！

接着，我开始了解疾病在身体形成之前，能量其实已出现毛病。如果我选择回到生命，癌病便会从我的能量里离开，身体会很快恢复健康。我亦明白到药物治疗，只是把病痛从病人身上而不是从能量中解除，所以病会复发。我意识到假如我回到生命，我会是带着健康的能量回去。身体将在很短的时间内，恢复能量，并永远保持下去。我似乎亦觉知到这情况是放诸任何事情都适宜，不光只是针对疾病，还包括生理、心理上的状况等等。我开始觉知生命中的一切都关乎我们身边的能量和我们创造的能量。没什么是真实的，我们根据“能量”状态，去创造我们的环境、状况等等。我领悟到我们做什么就得什么的那份透彻非常强烈。一切都关乎我们的能量如何。我仿佛知道，如果回来的话，我将会亲睹这第一手的“证明”。

我感觉自己好像在两个世界之间游离，这人间世和另外一个世界，然而，每一次移到那“另一端”，我仿佛越走越深，会经历到更多的“场景”。在其中一个场景，我看见自己的生命是如何和其他人连在一起——就好像织锦那般，我看见自己如何影响身边每一个生命。在另一个场景，我看到哥哥在飞机上，他接到我弥留的消息，正赶来看我（事实上，当我清醒过来时，哥哥就在我身旁，他刚下飞机。）在那场景我瞥见哥哥和我，莫名地意会到那似乎是过去世，我看来比他年长，好像是他的妈妈（在这一世，他比我年长）。我看到的那一世，我对他异常爱护。当我突然察觉他正在飞机上赶来看我，我感到“不能这样对他——不何以让他来到看着我已死去”。之后我亦看到我丈夫今生的所旨如何跟我相连，我们早已决定一起来经验这次生命，如果我走了，他可能很快也会随我离去。

此外，我好像知道，之前所进行的各种器官功能检查（结果尚未出来），如果我选择生命，出来的结果就会显示我的器官是运作正常；选择死亡的话，结果就会显示我是因癌病引发器官衰竭而致死。我可以透过选择去改变检查结果！

我做出了选择，当我渐醒过来的时候（在一个很混乱的状态，因为当时不能确定身在帷幕的哪一方），医生们满脸笑容地冲进病房，告诉我的家人：“好消息——报告出来了，她的器官一切运作正常——真是令人难以置信！早前她的身体状况看来明明像器官已停止运作！”

之后，我开始迅速复原。医生待我情况稳定后帮我做了一次淋巴结活组织检查，以确定癌细胞属何种类，但他们却无法找出一个大小足以怀疑有癌细胞的淋巴结来做检查（入院时，我的身体由头到下腹，都满布肿胀的淋巴结和大小如柠檬般的肿瘤）。他们又为我进行了一次骨髓活组织检查，以确定癌细胞的活动状况，调整化疗疗程，但却没发现任何。医生们十分困惑，只好推断是我对化疗突然产生反应。由于他们不清楚为什么会这样，于是要我接受一次又一次的检查，我都能轻易过关，而每一次通过测试，就更能加强我的力量！在接受全身扫描时，由于找不到任何东西，医生甚至要放射治疗师为我重做一次！

生命每一日都可能出现奇迹。目睹过这一切之后，我领悟到任何事情都绝对有可能出现，我们到人世间来不是要受苦，生命原是奇妙，我们深深地被爱包围。这让我对生命的看法有着极大转变，我为这得到的再生机会深感喜悦，体会到“天堂在人间”。

付出比得到更幸福

一个馒头店的老板，每天蒸 120 个馒头，100 个用来出售，20 个用来接济贫苦的老人和孩子。在生意好的时候，馒头刚一出锅便被顾客一抢而光，于是有人便劝他卖掉那些留下的馒头，可是无论顾客如何要求，馒头店的老板就是不肯将那 20 个馒头卖掉，而当他用夹子把热乎乎的大馒头送给老人和孩子的时候，我们黝黑的脸上绽放出的明亮光彩，那种幸福的感觉是其他人所体会不到的。

“授人玫瑰，手留余香。”其实付出也是一种幸福，当馒头店的老板把馒头送给老人和孩子的时候，他看到自己的付出给别人带来了快乐，自己便也跟着“幸福”起来。现实生活中也是如此，收获是一种幸福，付出又何尝不是一种幸福呢？付出时间能够收获希望，付出劳动能够收获果实；付出真心能够收获真情，付出爱心就能够收获整个世界。

爱默生说过：“人生最美丽的补偿之一，就是人们真诚地帮助别人之后，同时也帮助了自己。”真诚地伸出手去帮助别人，不仅不会使你受到怎样的“损失”，还能使你在帮助别人的过程中得到幸福的感觉。四川地震后，在大街上能看到：大学生在募捐，烈日下他们没有用任何防晒工具，更没有一个人坐在那里不动，而都在忙这忙那，有的向行人散发传单，有的在记录捐款、整理账目，有一位矮个子的女生微笑着不停地向往捐助箱里投钱的捐助者说着“谢谢”，她的嘴唇干了，头上也隐隐地渗出一丝汗珠，可是她的脸上却洋溢着幸福，他们那种积极的形象感动了每一位路人。

其实，付出的幸福感觉是我们随时随地都很容易得到却又最容易忽略掉的事情，在我们埋怨生活压力大、到处充满功利、找不到幸福感觉的时候，其实也许是你没有时间去察觉、去体会生活中的幸福啊。当你在公交车上给老人让座时，别人会很开心，你也会很快乐；当你给乞讨者施舍的时候，也许你的真心付出换来的是他生存的希望，那一刻你会感觉到很幸福；当你周末把家里收拾一番，然后再为家人做一道刚学来的菜，一家人快快乐乐地品尝你手艺的时候，那种天伦之乐，不正是你的付出所获得的幸福吗？

学会付出，便会拥有幸福。当你敞开心胸，乐于付出的时候，快乐、喜悦和收获便会进入你的心中，这时候，你便会体会到真正的幸福！

公益需要专业

有爱心的人会经常参与公益活动，希望通过自己的力量和他人力量的汇集，让小爱形成大善；而对于一些企业来说，也非常热衷于开展公益活动，这样可以宣传企业品牌，同时受益于他人。

虽然公益活动开展得多了，但是真正好的活动却没有几个。大多数企业都是从自身品牌出发，然后大多数会选择操作性强、时间短的公益活动，很少会有企业选择可持续且真正能够解决受助者最需要解决的问题的公益活动。公益，需要的不仅是爱心和热情，更需要的是专业。

比如说最近一汽丰田做了个“希望工程助学基金”的公益活动，该公益活动主要是对乡村教师进行培训，希望改善他们的教学方法，为他们学习现代化的育人理念提供平台。实际上，一汽丰田的本意是希望能够帮助儿童，尤其是留守儿童，但却是在培训老师。很多汽车企业都在关注儿童，有的捐赠图书、体育器材、音乐器材，还有的捐赠衣服、学习用品以及普及交通安全知识等等。但是综合来看，会有一定的作用，但不是对儿童最有益的，甚至可以说，这些车企只是在为自己做宣传，因而选择一种最简便的公益慈善形式。

对于山区的儿童来说，现在最大的问题就是安全和心理问题，尤其是对于留守儿童来说，他们的状况更是让人们担忧。所以，无论是什么企业在做公益慈善的时候，都应该是从受助者本身出发，找到他们最期望得到的帮助，而不是走马观花随意举行一个公益活动。况且现在我国的公益组织也很多，其中还有很多专业服务于某个群体的公益组织，所以企业完全可以找到这些公益组织进行捐钱或者是让他们出谋划策，定制与自己品牌相符同时对受助者也是最有利的公益活动。

公益需要效率

中国的公益事业发展至今，已经进入追求效率、推崇专业化、强调实际社会效益的阶段，并以经济学“机会成本”的理论提出了“公益浪费”的概念，认为没有效率的公益，实际上就是社会资源的浪费。

拒绝公益浪费。公益事业，不在乎你做了什么，而是你做的事情取得了什么效益。但很多时候，人们往往只是津津乐道于自己做了什么。公益意识已经逐渐被唤醒，社会投入公益领域的力量在日益壮大，但在发挥公益力量的同时，公益浪费也日渐严重。唯有抓住公益发展的趋势，有前瞻性地去规划公益，才能让公益更具效益。企业是最讲求资源配置效率的组织，企业人带着经营公司的思维模式进入了社会领域，力求提升效率、降低成本的念想顺理成章。学者们大多力主公益行业的专业化，若能因此推动社会问题被更有效率地解决，学者们自然乐见其成。

公益近年来蓬勃发展，除了展现其令人欣喜的蓬勃气象之外，也有未尽如人意之处。不论是汶川的“五年未拆封包裹”，还是敬老院重阳节一天接待无数拨访客的新闻，都让不少人渐渐看到，仅凭一腔热情、捐钱捐物，似乎还不足以让社会变得更好。

在过去的几年里，不管是政府机构、企业公司、还是民间组织，在大踏步进入公益领域的时候，在一些环节上都多少存在着经验不足和管理混乱等现象，捐赠的物资出现浪费、志愿者劳而无功，这让关注公益的知识分子开始思考一个问题：当社会已经在公益的问题上达成了一定共识，如何促使有效改变的出现？

为解决这一问题，有人提出拒绝浪费、提升效率、创新公益形式、注重公益项目的可持续发展等策略，他们同时认为，这是未来几年中国公益事业的发展趋势。

“公益应有‘正规军’与‘民兵团’的分别。正规军是专业人士，要提高效率、避免浪费。但普通民众在参与公益的时候，不必过分强调效率，否则会影响公众的广泛参与。”深圳市社会公益基金会秘书长李光明介绍，就他的工作经验而言，不少市民在参与公益活动时，希望在帮助别人的同时自己也能够收获快乐，其公益行为带有较强的随意性，不喜欢受约束，若用“效率、专业”去要求他们，民间公益的活力会大幅降低。

当前，公益很热闹，但却远谈不上高效。人们看到，社会热情已被调动，大量的人、财、物进入了公益领域，但其项目的执行与目标的确定在学界看来仍然很低效，大多数公益项目在解决社会问题的维度上未尽如人意。

一方面，公益目标群体和目标区域的选择存在着“跟风”现象。例如，不论国企民企，都乐于捐助贫困地区的大学生，都急于在大灾大难面前比赛献爱心，但却很少谈论自身的员工权益、社区的环境污染问题。另一方面，目标群体的选择存在着不小的偶然性，公益在一定程度上成了受惠者的“彩票”。例如，借助新兴技术手段的“微公益”帮助了不少故事鲜明的弱势群体，但仍有很多民间疾苦，因未进入公共视野而无法得到解决。

执行的无效，就是一种公益浪费。公益需要救急扶困，公益更需要直面社会疾苦，需要反思并努力消除造成人类痛苦的体制根源。当前的公益在很大程度上被理解成对各种棘手问题的一贴灵丹妙药，但很遗憾，公益解决问题的速度远远赶不上一些旧体制制造问题的速度。在提供社会服务还是推动社会变迁的问题上，公益还没有找准平衡点。一哄而上地给贫困大学生捐助，却不去考虑要如何改变这个拼爹的时代，以促进社会真正实现阶层流动；城中村流动儿童渴望的眼神被持续地用来打动人们的爱心，却对他们平等教育权的实现视而不见；垃圾分类行为在社区做得风生水起，而雾霾、垃圾焚烧等却在公共领域中被消音。

从一定程度上来说，公益是一种社会行动、价值理念，是一个社会自我持续的机制，是防止社会分裂和堕落的底线，而不是流于形式的“创可贴”。

古人怎么做公益？

中华五千年文明，自古以来一直都有官方和民间的慈善公益活动。据《周礼·地官》记载，周王在中央行政职官中，设立地官司徒，助其教化国民，安定天下。有现代民政部部长部分职能的司徒，为做好民政工作要采取六项措施，即“以保息六养万民：一曰慈幼，二曰养老，三曰振（赈）穷，四曰恤贫，五曰宽疾，六曰安富”。用现在的话来说，就是关爱儿童、老有所养、救济穷困、抚恤贫苦、优待残疾、安抚富人。这一时期的慈善活动，主要是由朝廷来带动，灾荒时期所采取的社会救济手段，被称为“荒政”。到春秋战国时期，各诸侯国都很重视慈善工作。如“春秋五霸”之一的吴王阖闾，据《左传·哀公元年》记载，每次发生天灾瘟疫，他都会亲临灾区，看望民众，安抚孤寡，资助贫困。

以民间为主体的个人慈善活动的出现，才是中国古代慈善事业进步的标志。

春秋战国时期的民间慈善活动比较简单，行为之一是直接在路边给需要救助者提供饭食，此即所谓“施粥”。施粥赈饥虽然简单，却是最受欢迎的一种慈善行为，为中国历代所继承。东汉末兴平元年（公元 194 年）秋，京畿大旱，灾民遍野。《后汉书·献帝纪》记载，当时的皇帝刘协（献帝），安排身边大臣侯汶，“出太仓米豆，为饥人作糜粥”。

民间施粥更为常见，过去俗称“吃大户”。如北魏太和七年（公元 483 年），冀州和定二州闹饥荒，地方贤良人士“为粥于路以食之”。《魏书·孝文帝本纪》记载，此举救活了数十万人。一直到晚清，放粮施粥都是中国古代慈善家们的首选。现代拍摄的清宫戏中，不时会有大善人，支起大铁锅熬粥以赈济灾民。

与官方投资相比，募集和民间捐献，则一直是古代慈善机构和福利组织最为稳定的经济来源，它不只可以避免官方投入易受执政者好恶的限制，而且可以影响整个社会，调动全社会的力量参与，特别是遇到大灾大疫、官府财力不足时，民间经济来源便显得尤为重要。

古代哪个朝代慈善做得比较完善？应该是宋代。宋代在各个领域都出现了相应的慈善组织，收养乞丐、残疾者和孤寡老人有“福田院”“居养院”；病有“安济院”“惠民药局”；死有“漏泽园”；儿童有“举子仓”“慈幼局”……这些都是官办性质的慈善组织和福利机构。

由于官府鼓励民间参与慈善活动，所以出现了不少由私人主持的有一定规模的慈善机构。如著名理学家朱熹，曾在建宁府崇安县开耀乡创设“社仓”，备荒救灾，地方政府拨给一定的平价粮，由乡间人士负责经营管理。同样的，“先天下之忧而忧”的范仲淹，则在苏州创设“义庄”，置良田十余顷，将每年“所得租米，自远祖而下，诸房宗族，计其口数，供给衣食及婚嫁丧葬之用。”刘宰、黄震、真德秀等中国古代著名的慈善家都是宋代人。

到了明清时期，民间慈善组织进一步发展壮大，几乎涉及了所有社会领域。当然，这与其经济来源较为充足不无关系。

捐助是明清慈善组织经济的主要来源，与唐宋时期的慈善活动由官方主导相比，区别明显。而且，这一时期慈善经费的来源渠道丰富，特别是到了清代，捐助慈善活动成为了一种社会风气，参与群体广泛，当官的捐养廉银、士绅捐房产、地主捐田地。

明清时期，社会上以“会馆”形式出现的各种新型互助救济组织，则直接推动了民间慈善事业的大发展。会馆，是一种地缘性、行业性十分明显的乡帮组织，其开馆的目的是“答神庥、笃乡谊、萃善举”。说白了，会馆就是老乡和同业者的互助平台，其作用突出表现在捐资助学、助丧、施医、济贫诸方面。如清福建人陈宗蕃在北京创设的“福建同乡会馆”，开宗明义为“乡中试子来京假馆之所，以恤寒而启后进也”；徽商所开设的会馆常附设“殡舍”“义冢”“义庄”，能为死者、病者提供免费服务。

明清慈善活动的经济来源，除了个人自愿捐资的方式，还有“分摊集资”和“抽取提成”两种较为常用的办法。分摊集资好理解，就是入会者平均摊捐款项。而抽取提成，则是根据各入会者生意和收入的大小、多少而定，如清光绪三十二年，苏州“石业公所建立学堂兼办善举”，其常年用款便是采取抽提的办法，由17家石作坊议定，“每做一千文生意，提出二十文；每工一日，捐钱四文”。

需要说明的是，古代有不少时候的捐款都带有强制性质，对不能及时捐付款项者有强制“罚款”的规定。如清嘉庆二十二年北京药行议定：每月正月初一要准时到会馆交银钱，“毋得迟延，如午刻不到，罚银二两。”

西方人怎么做公益?

发达国家富人慈善模式，已成为推动社会公益事业发展的一股重要力量，美国尤甚。在许多美国富人看来，财富多寡并非是评判成功与否的唯一标准，回馈社会也是个人价值的重要体现。对于他们来说，疯狂赚钱、节俭生活和慷慨行善是并行不悖的生活哲学。追寻他们热衷慈善的原因，有的是想实现自身的社会价值，有的是迫于社会压力和制度约束。斯坦福大学 2012 财年筹款总额达到 10.35 亿美元，创下美国高校筹款的新纪录，成为首个一年内筹款超过 10 亿美元的大学。

“众筹”模式与集体捐赠

善于制造话题的美国总统特朗普曾在《纽约时报》上刊登整版广告为其投资建立的 Fundanything.com 网站宣传。有着“财富教父”之称的特朗普想要打造的是一个颇具公益色彩的网络圆梦平台。这个网站就像个梦想集散地。想为梦想融资的人可以在此注册，描述自己的愿望有什么价值，并且注明希望获得多少资金。人们在网上看到这些项目后，如果愿意成人之美，就可以出钱资助，资金不限。幸运儿还将获得特朗普本人的捐助。

这样的“众筹”模式得以生根发芽，与美国人对创新精神的尊重有着很大关系，也从一个侧面反映出美国人的乐善好施。

微软创始人比尔·盖茨和股神巴菲特在2010年发起了一场“捐赠承诺”行动，当时美国40位最富有的家族代表和个人许下承诺，愿意在有生之年或去世后，将自己至少一半的财富捐给慈善机构。这40位亿万富翁主要是白手起家的大亨。

他们为何舍得将自己辛辛苦苦攒下的财富拱手相让?“在巨富中死去是一种耻辱”，美国“钢铁大王”卡耐基的这句名言至今被很多美国人奉为圭臬。美国人普遍认为，发财是自我实现的一条途径，但是发了财就应该回报社会，公民和企业都应有这种社会责任感。公益捐助在美国不仅被看做是一项义务，而且是一种精神寄托。

美国一家非营利组织发布的2012美国富豪慈善榜显示，股神巴菲特2011年通过慈善基金会捐赠了30亿美元，排名第一；社交巨头“脸书”创始人兼CEO马克·扎克伯格向硅谷社区基金会捐赠5亿美元，位列第二。对教育领域尤为关切的扎克伯格曾对媒体表示，他人生中拥有过许多机会，其中一些归功于他接受过真正优质的教育，因此他想做些力所能及的事情，确保每个人都拥有机会。苹果公司创始人乔布斯遗孀劳伦在渐渐走出丈夫去世的阴影后，也开始投身慈善事业。她在接受采访时表示：“从广义上来说，我们希望将我们的知识、网络和人际关系等利用起来，带来最大的好影响。”

制度安排方便富人慈善

美国富人并非人人都是天生慈善家，除了受到文化宗教的影响外，也与美国实行的捐赠制度有关。美国的税收制度鼓励人们捐赠。美国人每年必填的报税单中，税收抵免项目中明确列出了慈善捐赠这一项。美国税法规定，慈善捐赠可以获得税收抵免优惠，当然接收者必须是具有资质的慈善组织，个人最高抵免比例可达到收入的50%。捐赠所带来的减税好处，使得不少富人觉得，与其挖空心思钻税收漏洞，不如捐赠慈善以造福社会。美国形形色色的慈善基金会，都有专业人士投资和管理，运作十分透明，逐渐成为了一种成熟的慈善模式。

中国人怎么做公益?

中国人从事公益和慈善，需要遵循中国传统文化，吸取传统文化的精髓，探究适合中国文化的公益慈善之路，而不能够完全仿照西方发达国家的做法。主要原因如下:

第一，文化背景差距。中国人关心以家庭为重的慈善小圈子，关心熟人，而西方人关心陌生人。我记得在美国开车，走到了单行道，别的司机没有骂我，也没有吼我，他们主动停下来招招手，让我这个不懂交通规范的新手先走。

第二，经济发展阶段不一样。做慈善要有一定的经济基础，如果人的生存有问题，开展慈善就难；当人们在比较中美价格之时，往往忘记了我们收入与美国的差距。中国 GDP 总量超过了日本，在世界排名第二，但是一人均，中国大陆是日本的 1/11。

第三，法律体系不一致。在中国对开展慈善和公益事业的法律体系不健全，尤其是对公益组织的认定和界定，从法律层面来说是不清楚的。在美国是通过税法界定的，而且非常清楚和明晰。在日本对不同类型的慈善组织都有明确的要求，并且非常细致，容易实施和监督。在德国是政府对免税的慈善组织提出拥有三年的审计的要求。在美国每年抽出 2%的比例的免税慈善组织进行审计。

第四，对公益慈善的期望值有落差。由于中国公益和慈善事业的发展时间比较短暂，因此，无论是政府、企业、媒体、学界和公众对慈善和公益事业的了解不够，经常出现“零成本”之说，可见从事公益与慈善事业的工作人员都不吃饭、不乘车、不住房等等，这样人们对公益和慈善的期望值尤其之高，有高处不胜寒之感。

总之，中国人需要研究出适合中国文化的慈善法律环境，研究慈善文化和生存空间等。实践是检验真理的唯一标准，路漫漫兮，创新出中国慈善和公益之路！

公益事业领域有哪些？

公益行业深入社会的各个领域，与每一个社会问题都息息相关。想要系统解决这些问题，就需要“合并同类项”，即把相关问题按照统一标准进行分类。这既有利于研究者聚焦，也有利于公众的认识和了解。美国知名慈善导航网站划分出了九个公益领域，同时结合美国本土的情况对每个领域内的社会问题进行了简要概括，有些问题已经得到慈善机构的资助并在逐步改善，而有些问题却可能完全没有引起公众的注意。跟随这些介绍和数据，让我们一起了解公益行业，了解我们生存的地球。

宗教（Religon）

宗教慈善机构旨在推动和支持特定的宗教和宗教活动。尽管“9·11”事件在一段时间内对美国的宗教活动产生过严重影响，但如今美国人的信仰已恢复到这次恐怖袭击前的状态；2005 年，美国宗教收到的礼品价值总额达 932 亿美元，约占总捐献价值的 36%；31. 2%的美国人声称自己每天至少祈祷一次，而 59%的受访者都是这样做的；世界上最古老的宗教机构是公元 30 年左右成立的耶稣传道（Ministry of Jesus）；美国有 1. 22 亿人在周末会参加宗教仪式。

公共利益（Public Benefit）

公益慈善机构通过捍卫公民权利、进行科学研究、实施公共政策以及促进慈善事业和社会行动来保护、改善并投资社区和国家。

国际组织（International）

国际慈善组织的工作就是在世界各地捍卫人权，以促进和平和相互理解，并提供救济和发展服务。

人类服务（Human Services）

人类服务慈善机构为需要帮助的人提供直接的网络服务。该机构不仅为人们提供食物、建设社区、收留流浪者，还为人们照顾老人、培养下一代。

健康（Health）

卫生慈善团体的工作就是医治病人和残疾人、寻求医疗改革，同时促进公众理解和认识健康风险、疾病和残疾。

环境（Environment）

环境慈善机构致力于保护环境和促进环境研究。人类的活动范围占地球83%的陆地表面，主要用来居住、放牧、采矿和捕鱼。人类活动在过去5000年已造成了约500种鸟类灭绝，而物种消亡最主要的原因是栖息地的破坏；在过去的30年间，美国本土平均气温每十年上升近0.6摄氏度，10个最热年份中有6个都发生在1998年以后；在过去的50年中，一棵树可以产生价值3.125万美元的氧气，节省了价值6.2万美元的空气污染治理费和价值3.15万美元的土壤侵蚀治理费，同时回收了价值 3. 75 万美元的自来水。

教育（Education）

教育慈善机构为各年龄段的学生提供从学前教育到研究生的学习机会。他们还为学校提供其他教育服务机会，以方便各种不同背景的学生能更有效地学习。

艺术、文化、人文（Arts \ Culture \ Humanities）

艺术、文化和人文慈善事业就是为了保护艺术和文化遗产，同时促进艺术和文化的卓越发展，使得过去和现在的艺术和文化可以继续被欣赏和收藏。

动物（Animals）

动物慈善机构能保护和维护家畜和野生动物，并为它们提供必要的服务。这些组织致力于寻求有效的方法来保护濒危物种，同时保护野生动物栖息地。

公益事业流程是什么？

公益活动流程包括内容公示、活动具体实施、遵循的原则。

内容公示

（1）倡议发起：欢迎任何爱心人士提出符合爱心奉献基本宗旨的公益活动倡议，其倡议可以公开发布亦可单独通过个人提出；倡议应针对公益的特点、优势，具有宣扬爱心奉献精神、关注弱势群体、帮助他人扶贫济困的基本精神。

（2）倡议的归纳整理：每项倡议提出后，团队管理人员应予以收存，并在24小时内通知负责活动的统筹人员；收到倡议后统筹人员应对其做基本的可行性评估，同时应及时通告大家进行会商（网络或者实际会面形式均可），会商结果（采纳或者不采纳）及其因由三日内在群内（或单独给个人）进行告知；如果决定采纳但需要进一步完善相关事项，可以在管理团队内部继续完成或者发布征求项目完善告知书，收集智慧使得活动尽善尽美。

（3）倡议内容的公示：公示内容应包括以下基本要素：活动名称；活动时间、地点；活动宗旨和达到的目的；活动主体；活动受益对象的基本情况；活动中钱和物的收集渠道、管理方式、支配方式、具体账目的公布方式；活动组织者在本次活动中的基本分工及其联系方式；活动的宣传推广；活动事后向捐赠人的汇报和总结；

特别事项的特别说明。

活动的具体实施

(1) 每次公益慈善活动的实施均采用项目负责制，由管理团队根据某个成员能力、时间等因素推举其负责该项活动的实施，由其他成员协助项目负责人的工作并有所分工。

(2) 项目实施负责人应制定实施该项活动的具体细则并告知所有参与活动的相关人员，对相关钱和物的登记、保管、使用、分发落实给专人负责，对活动实施过程中可能出现的风险进行评估并采取应急预案。

(3) 项目实施负责人对于活动实施的地点、行车路线等应做预先考察；对于人员的召集、分散活动，应确保信息传递准确无误、人员安全放在第一位，让每个参与者心中有数，避免失误。

(4) 项目实施负责人对于活动过程中相关文字、图像资料的记录、保存、编辑应预先落实到人，便于事后整理、传达给其他未能到场的爱心奉献人士，也便于后期宣传推广爱心奉献精神。

公益活动应遵循的几个原则

(1) 透明原则：公益活动是阳光型的活动，所以从开始到结束都应该在阳光下运行，只有阳光的才是健康的、才能是持续不断发展的。

(2) 自愿原则：只有自愿的才是发自内心的，也才是最珍贵的；坚持自愿参与、量力而行，自愿奉献精神是保证公益活动健康发展的基本途径。

(3) 义务原则：有了透明、自愿的基础，义务就成了不求物质回报、只求精神愉快、帮助他人的满足感并且升华人生意义的必然条件。

(4) 平等原则：对于每一个参与爱心奉献的人士来说，同仁之间以及爱心奉献和接受者双方没有社会地位高低贵贱之分，只有奉献精神上人格的统一。

(5) 谨慎原则：尽量周密策划细致做事，抱着如履薄冰的心态做每一件善事，避免不必要的失误和伤害，让公益慈善事业的影响最大化、爱心功利主义最大化。

(6) 广泛原则：力争让尽可能多的爱心人士参与公益活动，使爱心事业具有普遍意义，也更具有可操作性和可推广性。

(7) 信诺原则：诚信守诺是爱心奉献活动的基石；对于捐赠者意愿的遵守承诺是对捐赠者爱心的尊重，对于受捐者的遵守诚信亦是对受捐者人格的尊重。

(8) 包容原则：爱心奉献活动中遇见的委屈、不理解等社会情态是对每一个爱心奉献者意志和承受力的考验，只有宽广的包容心才能滴水入海、有容乃大。

(9) 规范化原则：建立规范的爱心公益活动流程可以节省人力和物力并避免混乱，以最少爱心的投入获得最大的爱心产出，也是保证透明原则实现的重要一环。

(10) 不违法原则：依据“法不禁止即可行”原则，可以采用任何不违法的方式来实现爱心的奉献，以此让爱心奉献精神在更广泛的领域、在不同的社会阶层生根、开花和结果。

怎样才能更好做公益？

相信大多数人只要有时间、有精力以及在有一定的经济基础的支持下是非常愿意投入到公益事业当中来的，我国体育明星现在是公益明星的姚明曾说过“共为，则善大”，也就是说，虽然我们个体的力量非常渺小薄弱，但是只要我们每个人携起手来共创公益，那么我国的公益慈善就会得到很大的发展，我国的某些现状就会很快得到改变！

如何更好地参与公益慈善？

首先，一定要从一开始就相信自己可以做好，并且会坚持做下去。很多人都有一颗公益大爱之心，可是有时候执行起来却真的没有想象中那么容易。遭人误解、谩骂是常有的事，同时还有可能因为一开始自己不熟悉出错让自己信心大减，所以在前期一定要做好心理准备，同时相信自己可以坚持做下去，并且会越做越好！

其次，要有一个详细的计划。任何事情都不能前期没有计划，做公益慈善也是如此。刚开始做公益，需要确定自己比较喜欢什么类型的公益活动，同时明白自己更适合什么类型的公益帮扶，比如说我们自己比较活泼，喜欢小孩子，那就可以专门找可以去孤儿院看望小孩子以及去康复院看望自闭症儿童这样的公益活动。

最后，不要急于求成。所有的成功都来之不易，刚刚进入公益事业，不要有太大的压力，一切尽自己最大的努力就好！尤其是对于想在公益领域谋得长期发展并持续帮助他人的爱心人士，初期建立人脉以及信任度是需要时间的，所以不要太急于求成。

公益是生命的基本涵养

基于博爱之心或利他之心，自觉、自愿的行动，显然是公益与慈善的共同根基。公益慈善均指向人类改善现状，追求人类社会与地球生态和谐发展的目标，以及个人心灵的愉悦，自我价值的实现和人生境界、意识层次的提升。

公益出于主动承担社会责任的意识，关注公共利益、公共生活质量，致力全局性、宏观性社会问题的发现和解决，维护与平衡公共利益，推动公共政策的进步，促进社会的良性发展。在小政府、大社会及大政府、小社会两种模式下，都可能有较多的公益活动，前者基于公民自觉之后的责任履行，后者基于社会矛盾和问题突出之后的公民自救、自治的行动。

来自香港的全国政协委员冯丹藜非常重视公益慈善事业。曾结合自己多年来从事公益慈善事业的体会，撰写提案呼吁，把慈善文化纳入社会主义核心价值体系中，并通过加强对慈善文化的研究、宣传，完善政府立法规管、税务优惠措施等，让“天下兴亡，匹夫有责；同胞疾苦，常系我心”成为更多人的追求。

十年前，为帮助中国弱视儿童恢复正常视力，冯丹藜创办了世界上首家弱视儿童医院，并组建专家医疗队在全国开展“弱视光明行”的公益活动，让一批批弱视孩子看清多彩美丽的世界。2008 年，冯丹藜在湖南启动“弱视光明行”公益活动。仅湖南就有 5 万多名儿童进行了眼科筛查，1000 余名贫困患儿重拾了生活信心。

慈善应是人人具备的一种精神，公益慈善文化应成为一个民族的基本涵养。

公益是幸福的重要源泉

现代人最大的一个精神困惑就是迷失了快乐的方向，更不知道从何处去寻得人生的快乐。于是便有了痛苦和追寻：即便我们每日劳心予生计之中，我们依然在苦苦寻找内心的那份不舍与追求，以求达到内心的宁静与满足。其实快乐的源泉始终在我们身边，那就是我们去做公益。

我们常说：助人乃快乐之本。可叹的是我们也只是听了这句话而已，却没有去深思这句话的深刻涵义。我们总痴迷于对外界，如物质、名誉、地位等等方面的追求，以为这才是快乐的源泉，却不知，快乐的产生从来都不是这些外界物质所能实现的，而是产生于我们怎么去付出，并在付出的过程中得到份内心的满足。这份满足，才是我们的快乐之本。

人生的快乐，绝不会从索取中来。我们总以为，当我们拥有很多金钱，拥有很高的地位和声誉，拥有名车豪宅就会品味到生活的快乐。于是不遗余力地去苦苦追求，以求达到那样的人生目标。但如果多看看所谓的名人传记，或者所谓成功人士的访谈，便会发现他们都无不发出一句相同的喟叹：为什么，我更不快乐了？贵妇独守空房，精英驰骋商场，到头来却是内心的迷惘甚至灵魂的失落。于是出轨者有之，吸毒者有之，又何来人生的快乐与内心的满足？我们往往忘记：索取从来不会给我们快乐，因为我们的欲望从来不会见底。而只有那些放下或降低物质追求的人，才会品味到人生真正的快乐。这也是为何越来越多的城市人，在闲暇之余放下一切，回归山林，以求与自然融为一体。我们开始明白，内心的祥和也好，精神的满足也罢，都是我们得到快乐的本源。而要实现内心的祥和与精神的满足，唯一的途径，就是放下执我、放下贪欲、放下索取。有些做公益的人过得很“清贫”，甚至于在某些人看来他就是无为，但他却比太多人快乐，因为他让太多的人得到了关爱。

人生的快乐，一定是在付出中得来的。周新旺是一名普通的公益志愿者，大家都亲切地叫他阿旺。1998 年以来，他每年都参加义务献血，累计达 6000 多毫升，并加入中国造血干细胞捐献者资料库，随时准备捐献造血干细胞，自愿将来捐献眼角膜。他曾资助贫穷山区 11 名儿童读书，两人考上名校。2008 年注册并加入广州青年志愿者协会以来，他坚持参加各类志愿服务活动，是第 16 届广州亚运会志愿者和海珠区青年志愿者的骨干。从 2010 年开始，长期驻守“西关小屋（志愿驿站）”：在广州亚运会期间担任海珠客运站新生活驿站副站长，2011 年在广州市海珠区晓港公园志愿驿站任新闻专员，2012 年为广州市海珠区广百新一城志愿驿站新闻总监。在志愿驿站积极参与各项活动的策划和组织工作，作为驿站微博和博客管理者，积极宣传志愿精神和志愿驿站的服务理念，在平凡的志愿活动中，让人们了解志愿者、让志愿者走进市民。他曾获“佛山市无偿献血奉献铜奖”“广州市海珠区新生活驿站优秀志愿者”“‘幸福广州’城市志愿服务站先进志愿者”等称号。2016 年 3 月，周新旺荣登“中国好人榜”。周新旺是快乐的，虽然他只是一个普通的工薪阶层。他的快乐在于欣喜地看到了一个个孩子的成长，看到了一个个老人的笑容，看到了一个个活着的希望。他助学，搞公益，去献血，凡是他觉得需要他的地方，他都去；凡是他认为自己能力所能及的事情，他都做。也许他并没想很多，更没刻意去寻求什么是快乐，但快乐却不约而至。他在无意中演绎着人生的真谛，那就是随意而至、随性而至，而最终自然而成。他的付出是随意的、随性的，他的得到是自然的。这就是我们为什么孝顺老人而自己感觉幸福了，快乐了。为什么我们帮助他人而我们自己感动了，满足了。为什么我们关爱他人而我们自己兴奋了，幸福了。原来一切快乐和幸福的本源，就在我们如何为他人的付出之中。

所以周新旺的价值不仅在于帮助了多少人、教育了多少人、激励了多少人，他更大的价值，在于让我们明白了一个人生的真谛：公益是幸福快乐的重要源泉。

Public Welfare、Finance
and Goodness Economy

· 第三章 · 公益事业与金融

金融功能及活动

金融是一种交易活动，金融交易本身并未创造价值，那为什么在金融交易中就有赚钱的呢？按照陈志武先生的说法，金融交易是一种将未来收入变现的方式，也就是明天的钱今天来花。

简单地说金融交易的频繁程度就是反映一个地区、区域、乃至国家经济繁荣能力的重要指标。传统金融的概念是研究货币资金流通的学科。而现代金融的本质就是经营活动的资本化过程。根据西方学术的定义（《新帕尔·格雷夫经济学大字典》），“金融”是指资本市场的运营、资产的供给与定价。其基本内容包括有效率的市场，风险与收益，替代与套利，期权定价和公司金融。

金融的核心是跨时间、跨空间的价值交换，所有涉及到价值或者收入在不同时间、不同空间之间进行配置的交易都是金融交易。金融学就是研究跨时间、跨空间的价值交换为什么会出现、如何发生、怎样发展。比如，“货币”就是如此。它的出现首先是为了把今天的价值储存起来，等明天、后天或者未来的任何时候，再把储存其中的价值用来购买别的东西。但货币同时也是跨地理位置的价值交换，今天你在张村把东西卖了，带上钱，走到李村，你又可以用这钱去买想要的东西。因此，货币解决了价值跨时间的储存、跨空间的移置问题，货币的出现对贸易、对商业的发展是革命性的创新。

不管是古代还是现代，单个人生存下去的能力是很低的，天灾人祸、身老病残时你都需要其他人的帮助。所以，为了能够更顺利地活下去，也为了生命的延续，个人必须跟其他人进行跨时间、跨空间的利益交换，即，人与人之间的金融交易是人类活下去的必需。

在市场经济条件下，金融的主要功能是通过各种间接和直接的融资形式以实现货币资金在国民经济各部门、各单位之间的分配。这种分配不同于财政的强制性和无偿性，是按照市场规则在交换的形式下发生的。这正是在个人追逐利益的行为过程中，在宏观上实现了货币资金在国民经济各部门之间的流动和分配。

如下图所示，在现代信用货币经济体系中，货币流动会形成两个循环，一个是实体经济的货币循环流，即货币在家庭部门、政府、非金融商业部门、金融部门之间通过储蓄、投资、消费以及工资利润的转移形成的货币循环；另一个是相对独立于实体经济生产性融资需求的货币循环流，类似于传统上有钱人将金融货币埋在地里作为保值，所以也可称为“金融窖藏”。

这两部分货币循环流在整个金融服务价值链条中虽然不能截然分开，两者之间也存在一定的联系，但总体上可以相对独立地运作。从资金剩余者流向资金需求者的金融活动是一种原始的金融形态，主要服务于产业发展。在现代金融体系中，其实更多的资金是在金融交易市场参与者之间流动，如债券、股票、汇率及金融衍生品交易，以及黄金、石油、农产品、房地产、稀有矿藏等大宗商品市场交易等，这部分资金并不直接服务于产业经济的发展。金融窖藏活动的积极意义在于吸纳实体经济循环中多余的流动性，起到平滑实体经济动态无效的作用，同时也产生资本利得、利息、费用和佣金等收入，增加用于实体经济发展的货币循环流；而不利的效应是会减少实体经济的货币循环流，挤压实体经济、滋生投机泡沫。

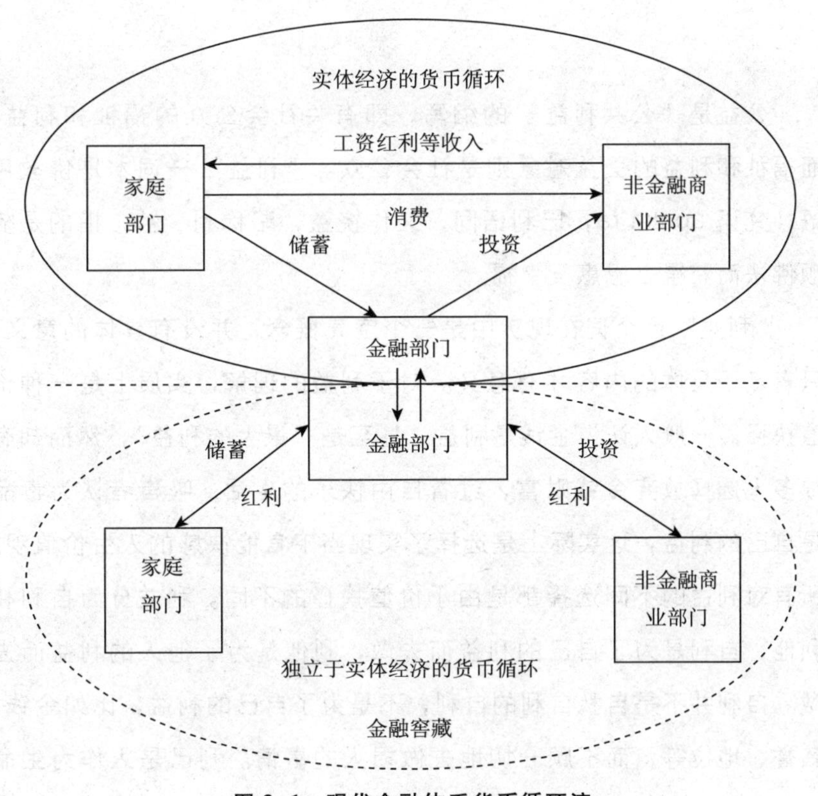

图 3-1 现代金融体系货币循环流

公益核心及价值

公益是“公共利益”的缩写，即有关社会公众的福祉和利益，而福祉和利益的受益对象则是社会公众。“利益”一词本是佛教用语，梵语 upaka^ra，巴利语同，又作饶益，略称利、益，指的是随顺佛法而获得之恩惠及幸福。

“利益”这个词在现实中是一个空壳概念，并没有具体的意义，只有赋予具体的内容才有意义。对于利益的理解，实质上是一种价值抉择。一般人认为金钱是利益，甚至是“最大的利益”，然而却有很多人选择放弃金钱财富，过着自由快乐的生活；吸毒者认为毒品是自己的利益，这实际上是选择了实现当下官能快感的人生价值观。所有对利益的不同选择都是由于价值抉择的不同。利益分为自利和利他，自利是为了自己的利益而去做，利他是为了他人的利益而去做。自利并不是自私自利的自利，不是为了自己的利益，比如金钱、名誉、地位等，而不顾一切地去做损人的事情。利己是人作为生命所必需的，利己为了更好地利他，因为自己正是别人的“他”，与其每个人都拐弯抹角让别人来利，还不如每个人直接自己利自己。

由此可见，公益的核心是实现利己和利他。

毕淑敏在《幸福密码》课堂上讲过一个故事。她曾在一个小镇上讲课，一个农村寄读的小姑娘过来问毕老师：“凭什么我要过这样的生活？我的笔只有一毛二分钱，写出的字断断续续，而我同桌的钢笔几十块，字写得特别漂亮；她的父母亲能够教她功课，而我父母什么都不懂。命运为什么对我这么不公平！”毕老师回答说：“你的钢笔和你的父母都不是你能够改变的，但是你的那支一毛二分钱的笔却是你能够把握的。只要这支笔写出来的答案与那支钢笔写出来的一样，就会获得同样的分数。而如果你能够持续写出更好的分数，你就能慢慢改变自己的生活。”

国外有这样一个公益广告：一个玩滑板的小男孩摔倒了，一个穿工装的大叔过去把他扶了起来。小男孩拿着滑板继续前行，看见一个抱着很多东西准备过马路的老太太，小男孩放下滑板，帮老太太拿着东西并把老太太送到马路对面。道别后老太太继续前行，看见一个在包里找零钱付投币计时费用的女孩子，老太太把手里的一枚硬币递给了女孩子，然后继续前行。女孩儿惊诧之后，微笑接受。她转身看到一个体面的男士掉落了一个小包在地上，于是捡起来追上男士递给他。男士表示感谢之后继续前行，看到一个从车后备箱往外拿一个大箱子的男人，男士过去帮他把箱子抬了下来。抬箱子的男人一边擦汗一边买了个热狗，回头看见一边蜷坐着的流浪汉，就多买了一个送过去，卖热狗的也从后面追上来送了一瓶水给他请他一起带给流浪汉。流浪汉大口大口地吃着热狗，不远处休息的一个女生站起来离开，却把手机忘在了坐过的地方，流浪汉拿起手机追上去递给了女生。女生开心地离开，看到一个忧伤的阿姨独自坐在路边的露天咖啡店里，于是女生在店边的花摊买了一束鲜花送了过去，离开时，卖花的女人送了一支玫瑰给女生。忧伤的阿姨接过花喜笑颜开地坐了一会儿，离开了。过来收拾杯盘的女服务生发现阿姨留了一张数额不小的小费，心情很好的女服务生看见一个穿工装的大叔正在路边工作，于是倒了杯水送了过去，大叔擦擦汗，在蔚蓝的天空下笑着把水一饮而尽。这个大叔就是最开始扶起滑板少年的那位。

从上面两个故事可以看出，公益的价值就是给自己希望，给人以希望，共同创造美好社会。

公益与商业的关系

公益的发展离不开商业，公益的实施也需要经济基础。就个人讲，做善事做公益，首先自己不能饥寒交迫、没钱养家糊口，如果那样，哪有精力、物力去做公益？就社会来讲，经济凋敝、民不聊生，即使有公益慈善，也只能是低层次、弱力量、差品质的穷帮穷、保生存、抗灾难等救济互济内容，这和现代公益慈善还是有着本质区□的。

当前公益的一种道德绑架是很多人认为只要和赚钱沾边儿，就有私利，就不算公益。其实，没利可赚，没钱做事，岂有余力，岂可做公益。大家要看到，现代社会是高度发达的经济社会，是不可否定的商业社会，离开商业是无法发展经济的，没有经济发展哪有公益发展?

公益目的不拒绝商业化。公益是以社会目标为宗旨的，实施公益的目的是实现社会效益的最大化。只要达到公益目的，方法和手段就在其次了。通过公益之名为自身或特殊利益集团谋利是不对的，但通过商业化行为为公益目的服务，古今中外还未见被禁。大家知道，春秋时期的范蠡、民国时期的熊希龄，哪个都不是完全靠工资去做善事的，都是赚了钱之后发善心做公益的。不让赚钱，哪来钱?您又不给，空叫板。让公益无益，合适吗？当然公益的商业化运作并不一定是充分条件或必要条件，但也不是判断一项事业、一个社会组织是符合公益性质的充分条件或必要条件。目的和手段本不在一个逻辑层面上，公益拒绝商业化手段没什么依据，因此也没有必然的本质关系。

公益的现状需要商业化。我国公益事业的现状是行政式公益、接受式公益、垄断式公益、争夺资源式公益、挖东墙补东墙式公益的糅合体，没有自我成长式公益。靠行政供养生存、吃“行政饭”、打公益牌不是纯粹意义上的公益，只靠社会捐助仰人鼻息不会久远，靠系统干预条块切割、“画地为牢”的方法不会长久，靠在有限的蛋糕上你争我夺资源不会扩张，靠左挪右挤、头痛医头脚痛医脚不会得到科学良性地发展。办法只有一条，只有公益组织、公益事业有了自我造血能力，才能持续前进，要通过商业化运作反哺公益，这才是长治久安之计。

公益与投资的关系

投资与现代公益之间是一种互为需求的关系。

首先，现代公益特别需要投资的力量，特别是现代基金会的保值、增值需要发挥投资的作用。从世界范围来看，那些大基金会都有自己的投资模式、投资路线、投资领域等。

其次，投资的社会性决定了投资需要现代公益的引领。人类社会在发展过程中，不管是什么制度下，比如我们常说的社会主义或者资本主义，对投资都有一个价值追求。总的来说，投资走向为多数人服务是一个大趋势，而且这个趋势越来越清晰了。如果投资只为少数人服务，这个投资一定走不远。从历史上看，投资往往表现出极大的经济性或私益性。如果要更好地促进投资为更多人服务，让投资走向共享，就必须由公益来引领。从这个角度讲，社会价值投资这个概念又有很大的合理性。我们常说，公益发挥引领作用，不等于公益可以指挥投资、代替投资，而更多的是一种价值的引领，一种理念的引领。当然，除了基金会的保值增值资金以外，一般的善款不适宜去做所谓的天使投资，那样容易出问题。

公益引领投资向善，但不等于投资就是善。目前，从国际上看，这种投资的形式有很多、也很多元，比如慈善资本主义，这是比尔·盖茨提出来的；比如公益信托、慈善信托、社会责任投资等。

公益事业发展需要多大资本？

公益界可能不太了解阿里做的三件事：第一，公益宝贝，小小的一个项目覆盖了中国所有孤儿的大病医保；第二，拿出几千万发奖，天天在找好人好事儿；第三，蚂蚁金服和中和农信达成了很好的战略合作协议，是非常有使命感的。

前民政部慈善司司长、深圳国际公益学院院长王振耀认为，耐心资本不是一件小事，不是放慢脚步、做小的、慢慢来，耐心资本兼具专业性、远见性、社会性的现代品格，这将成为中国经济与社会转型的急需品，“善经济时代”需要耐心资本承担重要的社会责任。王振耀认为耐心不是慢，有耐心之本才会有更大的变化，微软公司有一部分公益项目就是耐心。阿里巴巴团队是能够耐下心来的企业典范，企业的发展如果能够有耐心，就能够释放出巨大的能量。公益的发展其实也需要有耐心。

做公益的耐心资本不是一件小事情，它需要设计、需要力量、需要静心、需要和社会紧密结合。耐心资本是社会资本和知识资本的一种结合，它是整个中国经济社会转型的资本。

公益事业应该借鉴什么金融机制?

现代公益慈善事业的可持续发展，可以引入现代金融市场机制来完善治理结构，实现阳光化运作。

市场机制的所有权确权和转移

我国在 2007 年正式出台了《物权法》，为所有权的确权奠定了制度基础。如果说所有权的确权解决了财产归属的问题、最大限度地降低了市场交易成本，那么，所有权的转移就是要解决资源的有限性问题。金融活动的实质就是解决所有权的分散性与使用权的集中性而产生的矛盾。但是如何解决所有权在转移过程中所出现的所有权与使用权的矛盾、处理委托代理关系中的风险和效率问题，是源于金融制度的创新。2001 年我国出台了《信托法》，虽然这与国际通行的信托制度相比较还存在不足，但毕竟也为所有权的转移开辟了一条市场化路径。

金融市场机制的信托四方架构

金融作为虚拟经济核心的内在价值，就是要解决资源在空间和时间双重维度上的信息不对称，以减少市场交易成本、提高市场运行和资源配置效率。金融的这种内在价值，以及信托关系下社会经济对金融的内在需求，便构成了现代金融活动的内在规律，它的外化形式，就是涵盖了委托人、受托人、管理人和托管人四方当事人的现代金融市场机制（受托人和管理人可以兼任）。

在这一架构下，四方当事人以法律法规为准绳，以合同契约为依据，以信托关系为基础，履行相应的义务、享有相应的权利。委托人把财产托付给受托人经营，受托人再到市场上寻找合适的投资管理人和资产托管人，以便共同为委托人的利益服务。这一架构具有权责匹配、监督制衡的特点。国内也进行了制度移植，包括证券投资基金、企业年金、券商理财、信托计划等领域，都立法建立了这一架构，即使是还没有强制性立法的 PE 市场，委托人和管理人也主动寻求引入托管机制，以实现治理结构的优化。这一广泛成熟的实践经验，无疑为慈善基金引入市场机制提供了坚实的基础。

慈善事业的治理可引入金融市场机制

所谓慈善，就是因慈爱之心而衍生出的行善之举。对于慈善行为人来说，慈善就是通过让渡物质财富来获取精神财富。如果说慈善事业是物质财富与精神财富两者之间实现能量转化的桥梁，那么现代金融市场机制就是这座桥梁的制度基石。

2004 年我国出台了《基金会管理条例》，为慈善事业的发展构建了制度框架。它在促进社会力量参与公益事业的方面起到了一些作用，但也有不足。从国际经验来看，现代慈善基金通常都由商业银行等第三方机构受托保管，以实现慈善基金的安全、透明和可持续发展。

通过完善慈善事业自身的治理结构，并借助市场的力量，可以完善行政监管和捐赠人的查询建议权。要解决行政资源的有限性和信息不对称问题，保障登记管理机关和业务主管单位全面行使对基金财产的监督职权，尤其是日常性监督，使捐赠人查询建议权的约束力、有效性和及时性得到保证，这能够有效地避免公益性基金管理。但由于缺乏外部监督和制衡，有可能会酝酿出较大的道德风险，从而带来公众信任危机。

金融机构公益化

金融机构作为公益事业发展的中坚力量，走公益化道路既是在履行社会责任，也是可持续发展的必然选择。李克强总理曾指出，“要积极探索金融资本支持慈善事业发展的政策渠道”。金融机构应该在创造大量财富的过程中，积极创新公益金融工具，带动资本走向共享。

金融机构的社会责任

金融机构企业社会责任的内涵是金融机构在追求股东利润最大化的过程中，充分考虑金融机构利益相关者的权益，包括对股东、债权人、员工、金融消费者、政府、社区等权益的满足，通过金融专业服务、创新金融产品，改进并增加社会福利，承担起环境保护和慈善公益事业等层面的社会责任。

金融机构社会责任的外延应当包括经济责任、法律责任、道德责任与慈善责任。经济责任是企业必须承担的生产、盈利和满足消费者需求的责任，是金融机构需承担的最基础的责任。法律责任是遵守包含着基本伦理道德的法典规定，是对金融机构的一种硬约束。如《中华人民共和国公司法》规定，公司从事经营活动，必须遵守法律、行政法规，遵守社会公德、商业道德，诚实守信，接受政府和社会公众的监督；强调公司在追求自身利益最大化的过程中，必须对公司雇员、债权人、供应商、消费者和公司所在地居民、自然环境和资源、国家安全和社会全面发展承担起社会责任。道德责任是指那些为社会成员所期望的、但尚未形成法律条文的活动和做法。道德责任不在法律要求的范围之内，但被社会中其他成员所期待，是对法律责任不足之处的弥补。慈善责任是指那些没有被社会明确要求、也没有被法律明确要求的，取决于金融机构自己的意愿的活动，这些活动诸如支持社区项目和慈善事业等。慈善责任与道德责任的区别在于，慈善责任不是一般道德上的要求。金融机构的慈善责任包含的内容相当广泛，诸如向医院、养老院、患病者、贫困者等进行慈善捐赠、进行公益金融投资等。

随着公益逐渐成为社会发展的主流，金融机构主动履行慈善责任有利于金融机构的可持续发展。金融机构承担社会责任具有“辐射作用”，如开展社会责任投资、对环境和社会的价值进行估价、引导投资流向那些符合一定可持续发展标准的行业和企业，能起到保护环境资源的作用。通过慈善活动为政府和社会减轻压力，能获得社会公众和政府的认同、提升企业形象和声誉，从而为金融机构的发展创造良好的外部环境，增强市场竞争力。金融机构应该汇聚更多的资源进入公益和社会事业，通过金融的力量，让生活更加和谐美好。

善财

善经济是什么？不是不赚钱，是要赚更多的钱。在善经济时代，因为财富的量大了之后，你会发现奉献和赚钱的过程融为一体了，想赚钱得先考虑社会价值，财富意味着责任，财富越多，责任越大。广义上善财的创造可被理解为行“更大善”的基础。因此，金融机构应该掌握善财之道，为社会谋福利。

创造善财的过程其实是一种不断追求改进的创新活动，不仅是因为它受到竞争的驱使，而且是为了更好地服务于人民和环境，同时善财创造的生产和分配是内在关联的。可以在许多经济活动中找到这种例子，例如孟加拉乡村银行——格莱珉银行模式是一种利用社会压力和连带责任而建立起来的组织形式，成为了当今世界规模最大、效益最好、运作最成功的小额贷款金融机构，得到了国际上的好评，被大多数发展中国家模仿或借鉴，成为了一种成熟的扶贫金融模式。它面向贫穷的农村妇女提供担保面额较小的贷款（即微型贷款），而且作为非政府组织（NGO）支持其生产和生活，摆脱了贫困。孟加拉乡村银行是基于一个观点，即贫穷的人都有未开发的技术，未来创造财富的潜力是无限的。因而，这是一种高贵的活动。

作为公益金融载体

2014 年底，国务院下发了《关于促进慈善事业健康发展的指导意见》，明确提出公益慈善与金融创新相结合的政策命题，即一方面“倡导金融机构根据慈善事业的特点和需求创新金融产品和服务方式，积极探索金融资本支持慈善事业发展的政策渠道”；另一方面“支持慈善组织为慈善对象购买保险产品，鼓励商业保险公司捐助慈善事业”。长期以来，金融机构在经济发展中扮演着十分重要的角色，同时它能够让有愿景的财富解决社会问题。深圳市政协常委、慈善会秘书长房涛坚信，金融机构才是解决社会问题的最行之有效的载体。目前，公益金融的发起主体多为投资银行、信托公司、基金会等，金融机构也开始作为公益金融的载体，通过金融手段的运用实现了资本增值，形成自我支持、自我运作、自我发展的公益生态链，平衡社会价值与经济价值的资金配置，为社会公益事业的发展和创新融资、融智。

开发公益金融工具

公益金融本身就是社会创新的产物，它自身的创新主要体现在运用商业思维将社会价值融入金融工具中。金融机构可以运用金融工具，更公平、更有效率、更可持续地解决社会问题。

基本的金融工具包括股票、债券、期货、黄金、外汇、保单等。金融机构在创新开发公益金融工具上已有成功范例。像 2010 年英、美等国出现了一项金融创新工具——社会效益债券，这一全新的商业模式吸引了全球的目光。随着我国社会体制改革的不断深化，社会资本将在国家发展进程中扮演更加重要的角色，在建设新型城镇化的背景下，发达国家普遍使用的政府与社会资本合作（PPP 模式）已被国内引入。社会效益债券的核心理念是以慈善为目的社会资本通过债权契约的方式与政府合作，向社会服务组织提供解决某一社会问题的项目资金，政府按照项目运作的情况，向投资者支付不定额的回报。通过将原本用于解决或避免社会问题的政府预算、慈善捐款和社会服务进行整合统筹，社会效益债券能将政府财政预算损失的风险分散、加强社会组织提供公共服务的能力，并为社会资本带来稳定收益。针对正处于政府转型时期的我国而言，社会效益债券的运作案例或有参考价值。

金融机构通过开发新的公益金融工具、创新公益金融服务，能起到很好的杠杆效应，撬动更多的资本发展公益事业，这也是公益金融能为公益事业带来的重要功能之一，在自身实现快速发展的同时，有力地支持金融业可持续发展。

公益与金融：当今时尚

纵观当今社会，公益与金融，越来越深入我们的生活。公益与金融，于不知不觉之中，实现了资源的优化与重新配置。公益，源自人们心灵的自发选择，通过无偿捐赠、志愿奉献的方式进行了财富的重新分配；金融，来源于资本市场的自发作用，通过金融体系打造了价值和资源的全新格局。公益和金融，已然成为一种时尚。

放眼当下，明星名人热衷于为公益代言，平民百姓热心为公益捐款，好人好事不断涌现，上到八旬老人下到咿呀孩童，大家乐此不疲，公益已然成为许多人生活的一部分。看明星名人，既有陈坤用“行走的力量”书写公益的长度，又有姚明成立基金会让更多的儿童接受教育，高雷雷在“21 球场”乐此不疲，李连杰为壹基金四处奔走……在我们的身边，有 10 年坚持无偿献血的打工者程少海，有捐助 27 名孤残儿童的“爱心妈妈”赵丽萍，有为 3200 位白内障患者复明的公益人辛世民……

提及金融，已经不再是高等学府三尺讲台教科书本中的阳春白雪，也不是市侩商贩谋取私利投机取巧的雕虫小技，它是令亿万股民牵动神经、爱恨交织的“漂红泛绿”，是公司企业开天辟地别开生面的融通资金动力源泉，是让投行券商日夜奋战通宵达旦的招标文件研究报告，是央行一言九鼎的“降息降准”，“三会”万众瞩目的红头文件，是“金融民工”“为之消得人憔悴”的心中坚守……

不可否认，金融已然成为当今的时尚。报考志愿时，千万学子趋之若鹜地想要获得金融行业的敲门砖；毕业择业时，青年才俊心之所向渴望掘得人生的第一桶金；工作之余，白领贵族普通职员关注牵挂，国家政府也是分外重视其关乎企业命运和国家发展……

谈到金融，许多人的脑海中会浮现出金山银山、抑或英镑美元，其实金融不仅仅是金钱与财富，而是跨时间、跨空间的价值交换，所有涉及到价值或者收入在不同时间、不同空间之间进行配置的交易都是金融交易。国际金融市场风云变幻，股市牛熊交替、期货跌宕起伏，金融是个人机构在追求财富中的博弈较量中实现了货币资金在国民经济各部门之间的流动和分配。

谈到金融，很多人会联想到黄金白银美元欧元人民币，或者是股市大盘的追涨杀跌期货外汇的瞬息万变，其实，金融的真正魅力不在于价格价值的波动不定。金融可以实现价值和收入的重新配置，它超越了时间、跨越了空间。如若把实体经济比作机体，金融便如同血液，为经济实体的正常运转提供活力源泉。可以说，金融不仅与个人与家庭息息相关，于国家与民族也是至关重要。

思索公益和金融如此流行的原因，不难发现，是与它们的自身属性有关。公益，“公共利益”也，是有关社会公众的利益。在利己的同时实现利他，这是公益如此流行的原因。利他容易理解，公益的出发点是为他人谋福祉；利己则是公益的奇妙所在。公益在帮助他人奉献社会的同时，能带来自身价值实现的满足感成就感，可以为自己的生活注入满满的正能量。

公益与金融：信用支撑

何为信用？信用是一种社会关系，是诚信的体现。“言忠信而行正道者，必为天下人所心悦诚服。”做到言出必行，你的话才有信用。人要有信用，信人也要信己。信用纵然无形无踪，但它作用重大。

信用自古以来都存在于社会生活中，几乎涉及人类社会生活的方方面面，触及到了社会生活的每一个角落。信用是人类自我约束的准则，是社会道德观念的基础。在学校、家庭，家长老师总会在孩子成长阶段灌输给他们积极向上的人生观和价值观，在为人处事方面讲信用是最早提起的思想之一，也可以说，信用是受传统道德思想的影响而决定的。而且一个国家或地区一定时间内的信用水平与信用秩序可以反映该国或地区在这一阶段的社会道德观念。

公益与金融的范畴貌似大不相同，但两者都需要信用作为支撑点。

公益事业需要在人与人之间建立信任。公益事业源于大家的自发行动，施赠与受赠、募捐与捐助，委托代理关系随之产生，除了形而上的道德给予人们心灵的约束，还需要信用体系来制约人们的行为。红十字会挪用艺术家 8000 万善款的新闻让公众对其信用产生质疑，使得日后的慈善募捐出现困难。如果大家投身公益，能够在人与人之间建立信任，营造良好的社会氛围，不断产生关爱，传递关爱，世界会变得更加美好。

金融业涉及资金融通资源配置，在资源与价值交换时，时间与空间难以完美匹配，需要信用来促进交换的顺利进行。公司申请上市融资前需要接受尽职调查来获得信用评级，银行在发放贷款前会进行大数据征信调查，蚂蚁金服芝麻信用尝试建立个人征信系统……

公益金融的中国实践

随着国内经济的迅猛发展，催生了越来越多财富家庭的慈善需求。

2012 年，宜信联合多家机构共同成立普惠 1 号公益小额信贷批发公益基金，这是国内首只通过市场化运作、以批发式银行委托贷款向公益性小额信贷机构提供资金支持的信贷基金。3 年来累计支持了 6 家机构，总投入超过 1000 万元。

2014 年 12 月，宜信推出保理资产收益权转让产品——“绿色宝”，以金融创新的方式为优选的绿色企业提供金融服务，同时，个人理财者通过投资财务与社会绩效均符合投资要求的环保企业，推动了各地环境更加美好，并达成了稳健的投资组合。

2015 年 1 月，宜信财富联手中航信托推出了两年期的中航宜信小善大爱结构化集合资金信托计划第一期大爱清尘项目，投资人获得 7. 5%的年化收益，另外将 2. 3%的收益捐赠给国内知名公益项目“大爱清尘”，提供尘肺病农民工医疗、呼吸设备与子女教育费用。一期项目累计资金达到 3000 万元，也标志着公益组织可以通过透明、有效的公益项目获得新的筹资渠道。

通过在公益金融领域多年的尝试，让宜信对于未来的实践更加坚定。据宜信 CEO 唐宁介绍，宜信财富从 2009 年至今已经为超过 14 万客户提供公益金融产品，从 100 元起的宜农贷到千万元级的公益信托以及家族办公室定制服务，使得公益金融成为客户资产配置生命周期中永恒相伴的标准和特色配置，范围涵盖扶贫救困、“三农”发展、绿色环保、小微帮扶等，投资总金额超过5亿元。

公益金融渐成主流

基于宜信2015年与福布斯联合发布的《大众富裕阶层白皮书》调查显示，五成以上的中国富裕人群希望参与公益慈善并拓宽渠道，从慈善捐赠走向公益投资。根据有关预测，3年内公益金融有望与国际接轨，成为一种资产类别，成为财富管理、金融投资的标配，新增的资源亦将帮助社会更好更快地发展。

亚洲公益创投协会首席执行官表示，根据投资光谱，资金往往寻求着金融回报、社会回报两端目标，两端为偏向社会回报的纯慈善捐赠和只注重财务回报传统的专业金融投资，过渡部分包括带有投资理念的慈善公益创投，接近投资的影响力投资、责任投资等。从理念深入到方法与技术，都标志着令人期待的变革已开始。

唐宁说：“宜信财富能协助理财者将其1%的资产配置到极具个性化但均有巨大社会价值的公益金融投资方向，汇聚更多的资源进入公益和社会事业，通过金融和科技的力量，让生活更加美好。”

在深圳这座创新型的“慈善之都”，“公益+金融”碰撞出了火花。在深圳经济特区社会工作学院、市慈善会、市创新企业社会责任促进中心的组织下，首届中国公益金融人才专项培育计划及首批星火公益金融项目在深圳发布。各界专家学者面向新公益的思维和方式，就金融如何促进社会问题的解决和公益行业的发展等议题，展开讨论。

引入金融创客“智”造公益

在首届“公益星火——中国公益金融专项培育计划”发布会上，针对公益星火计划首批孵化的九个公益金融项目进行了发布和战略签约。社工学院以公益信托建立社会企业的方式打造社会服务的连锁“麦当劳”，让社区青少年平等地体验金融、财商、3D打印、时装设计等创新教育；安信证券作为公益星火计划的学员单位，要在深圳100个社区实施社区投资者风险教育项目；光大银行则希望与公益星火计划携手在20个社区内开展儿童财商公益训练营等。

深圳市政协常委、市慈善会秘书长、市社工学院执行院长房涛表示，以上只是目前“公益星火——中国公益金融专项培育计划”首批诞生的部分雏形项目。公益星火将以4.8万全额奖学金选拔60名精英人才，在北京大学深圳研究院、前海国际资本管理学院进行为期半年的公益培养，学习用公益金融方式跨界组合孵化出更多公益金融项目和产品，在社区教育和社区养老领域创新型地解决社会问题和推动公益事业的发展。

公益星火计划已连续两年获得福田区社会建设专项资金的重点支持。福田区常委、社工委主任苗宁礼表示，公益金融作为一种集合政府、企业和社会资本创新型解决社会问题的方式，实际上是一个公益产业的升级问题。公益制造要成为公益“智”造，传统的公益行为应引入企业家和金融家的“智慧”来提升效率、扩大社会效益。

培育公益金融专项人才

公益金融这项事业的推进还需要专门的人才来实施。根据“首届中国公益金融人才专项培育计划”，以培育千名涵盖中国政府部门、商业机构、公益组织与媒体高层成为未来中国社会创新的领袖为目标，使他们学会并善于运用商业模式和核心金融资源，优化配置解决社会和环境问题，实现社会效益与经济效益共赢的社会创新项目，被誉为了深圳乃至中国公益和社会创新的“黄埔军校”。

在深圳福田区社会建设专项资金和公益星火种子基金的联合资助下，第四期专项聚焦培养中国首批公益金融创新人才以“专业理论+案例实践+实地参访+沙龙论坛”的新型培养方式组成项目团队，实践创新公益项目，研发公益信贷、公益保险、公益信托等，推动建设个性化公益金融基地，吸引了全球捐赠基金。

现代公益慈善事业的可持续发展，需要引入现代金融市场机制，来完善公益慈善事业的治理结构，实现公益慈善事业的阳光化运作。

公益+金融=善金融

金融与公益可谓相辅相成。把公益与金融有机结合就成为我们期待的“善金融”！公益之于金融，是给予追求财富过程中的心灵寄托；金融之于公益，是提供奉献爱心过程中的物质保障。把金融及其原理应用到公益事业领域，能够使得善行更具效率更具规模；把公益发心及原理应用到金融领域，能够使得资本更具智慧，促进社会资金更多投向有益于人类社会健康发展的经济领域、促进经济发展方式向善经济转换。

金融可以辅助公益，公益同样呼唤金融。一方面，金融需要现代公益的引领、金融正在走向为多数人服务、现在金融越来越走向共享。公益引领投资向善，但不等于投资就是善。目前从国际上看，这种投资的形式很多元。

让善意聚沙成塔，让金融资本具足善心。前澳大利亚总理陆克文表示，公益金融正在全球化并逐渐进入主流。中国具有特殊的创新活力，这个市场的觉醒将改变金融格局。热心公益的演员袁立是中航宜信“小善大爱”信托计划大爱清尘项目信托捐赠人之一，对于“公益+金融”这种创新模式，她说：“和许多捐赠人一样，这是我第一次用金融的方式来做公益，这种公益金融的方式能让人们的善意聚沙成塔，能让更多资本释放出美好的力量，给患者和家庭带来希望，我希望可以有更多朋友加入其中。”

尤努斯的故事

2006年诺贝尔和平奖获颁发给孟加拉国的穆罕默德·尤努斯。诺贝尔和平奖委员会给予尤努斯这样的颁奖词：尤努斯通过孟加拉国乡村银行向孟加拉国社会最底层的穷人提供小额银行贷款，使这些通常在金融制度下无法得到信贷的人有了发展起步的资本。小额信贷为社会最贫困的阶层提供了发展经济和人权的前提，众多发展中国家纷纷效仿。地球上的每个人都有可能和有权利过上体面的生活。尤努斯的乡村银行已证实，哪怕是最穷的穷人也可以为自身的发展作出努力。这适用于任何文化和文明。

30年前，尤努斯发放的第一笔贷款是27美元，发放给了42个人；到现在他的格莱珉银行已经放贷57亿美元，惠及639万穷人，他们当中绝大多数曾是身无分文、忍饥挨饿、朝不保夕的赤贫者，现在一半以上的人通过贷款项目脱离了贫困。30年来，格莱珉银行的还款率高达98.89%，这是一个让全世界银行家都自惭形秽的数字。并且他所有的借款人都无需担保。

当他获奖的消息传到孟加拉国的时候，人们奔走相告、热烈欢呼，曾受益于尤努斯的各地村民敲锣打鼓，像过节一样载歌载舞。数百人涌入达卡郊外的尤努斯家中，向他表示祝贺。孟加拉国总理齐亚·卡丽达夫人说："整个国家都为尤努斯感到自豪。"孟加拉国的媒体称："这使得孟加拉国有了世界级的人物。"谁也无法相信，

30 年前，当尤努斯开始他的穷人银行计划时，不仅政府不支持、银行不支持，连那些穷得三餐不保的穷人也不相信。30 年的岁月，尤努斯是怎么过来的？

27 美元的首笔贷款

27 美元开始的路，充满了艰辛。1974 年，孟加拉国陷入空前的饥饿之中。尤努斯眼中的首都达卡是这样一副情景：瘦骨嶙峋的人们开始出现在达卡的火车站与汽车站。很快，这些小股的人流就变成了一场洪水，饥饿的人们涌遍全城。他们一动不动地坐在那儿，以至于无法确定他们是死是活。无论男人、女人，还是儿童，都是一个模样：老人看起来像孩子，而儿童的样子像老人。尤努斯当时在吉大港大学任教并担任经济系主任，衣食无忧。但他看到这些饥饿的人时心如刀绞，却无能为力："他们对我们这些衣食无忧的城里人毫无要求，只是静静地躺在我们的台阶上等死。"这场饥饿使一直远离贫穷的尤努斯体会到了从未有过的痛苦，他甚至得出一个结论：人有许多死法，但饿死是所有死法中最让人无法接受的。从此以后，这位过去一直以教授经济学为乐趣的教授再也无法从他的教学中得到快乐。他不想再看那些复杂的经济学理论，他要找到解决贫穷的办法。他任教的学校在郊区，以往每天他都开车从那些村庄经过，但是现在，他才开始真正注视这些村庄：到处都是因饥饿活在死亡边缘的人。有的人家因为难以为继甚至卖掉了锡制屋顶，在雨季很长的孟加拉国，常常有人因此被淋得湿透了。乔布拉村一个忙碌的女人吸引了他的目光。她全神贯注地飞快编织着一些竹条。她才二十出头，但却像很多妇女一样瘦削，目光里是一个每天从早到晚劳作的妇女的那种疲惫。经过了解，尤努斯吃惊地得知，这个叫苏菲亚的妇女连买竹条的5塔卡（相当于22美分）都没有，都得去借高利贷。而她为此付出的代价是，把所编的凳子廉价卖给放债人。她每天辛苦劳作的收入只有一两美分，连给她自己买食物都不够，而她还得养着几个孩子。尤努斯用“震惊”来描述他的心情。他从来没有听说过一个人会因缺少22美分而受穷。但一个经济学家的理智制止了他掏出22美分给苏菲亚的冲动，他知道她并不是在请求施舍，而且22美分并不能解决她的长久问题。他意识到在孟加拉国和第三世界广为流行的高利贷是如此普遍，以至于借贷者都没有意识到它是多么蛮横。尤努斯想，如果苏菲亚有22美分，她就可以摆脱契约奴隶的地位，可以按照市场的高价卖出产品，从而改变她的生活。他用一周的时间搜罗了一些像苏菲亚这样依赖放贷的人的名单，令他再一次吃惊的是：列着42人的清单上写着，借款总额为856塔卡，不到27美元。尤努斯得出这样的结论：他们每天辛苦劳作却依然贫穷，是因为这个国家的金融机构不能帮助他们扩展他们的经济基础，没有任何正式的金融机构来满足穷人的贷款需要。他把27美元按名单给了这里的42个人，并称还款期限是“在他们还得起的时候，在他们卖自己的产品最有利的时候，什么时候都行”，并且他声明：“你们不必付任何利息，我不干借贷这一行。”

所有贷款的担保人

经济学家尤努斯知道，他要解决的问题不是一个27美元能解决的，也不是用他自己的钱能够解决的。他要找的是一条路。银行的工作人员对他所说的事茫然不解，因为“这些村民需要借的这一点点钱，甚至都不够他们必须填写的所有那些借贷文件的费用呢！银行不会在这样的微小数额上浪费时间。”最终在 1976 年年底，贾纳塔银行终于答应给予贷款，尤努斯为此付出的代价是：他是所有贷款的担保人，银行不会和村里那些贷款人的任何一个打交道，所有文件的签署只找尤努斯。

整个 1977 年，无论尤努斯在美国还是欧洲，银行都会不远万里给他发电报或写信要他签署文件，而不找那些近在咫尺的贷款人。在他们眼里，尤努斯这个大学教授是唯一可以信赖的人，而那些贷款的穷人甚至干脆就是乞丐的人他们根本就不屑于理会。而尤努斯则确保了一件事：那些身无分文、目不识丁的穷人免了到银行遭受蔑视与屈辱的痛苦。

尤努斯在一个尚未完工的办公室开始了工作，工人还在周围干活，而他要上厕所就得到邻居家去。他的职员根本没有办公室，他们每天步行数里到最贫穷的村庄去，坐在地头对那些穷人讲他的无担保贷款事宜。

但终于开始了，尤努斯自己也称，那时自己真的很盲目。

得益于一些银行首脑的私人关系，尤努斯在传统银行中设立了奇特的分行，一些银行干脆就把它叫做“格莱珉试验分行”。他的所有尝试都根植于贫困的现实，与传统完全背离。从开始时的每日偿还制度以使偿还额降到最低，到后来比较实际的每周偿还制度并使用至今。他的借款者绝大多数是女人，因为：当钱通过女人进入一个家庭时，会给家这个整体带来更多的好处。现在，格莱珉银行96%的借贷者是妇女。而过去银行里女性贷款者不到1%。

在孟加拉国这个宗教信仰异常虔诚的国家，发展妇女成为借贷者不仅会受到宗教首脑的质疑、丈夫们的愤怒，连妇女本身都会对此惊惶失措。如果尤努斯没有在美国学习和生活，他也会是个对女性极为腼腆的普通的孟加拉男人，根本不可能去做妇女的工作。但1965到1972年在美国的生活不仅使他得到了一个俄罗斯裔的外籍妻子，也使得他在面对妇女客户时保持了少有的勇气和耐心。那些传统的孟加拉妇女甚至不敢和他面对面，经常需要女学生来回传达双方的意思，而尤努斯则站在大门外一遍一遍地指导学生。有一次大雨，来回跑的学生被淋得湿透了，妇女们不忍心，尤努斯才进得二门，与那些贷款对象隔着一道竹墙探讨怎么用这些钱。

直到今天，当无数穷人已经从中受益的时候，格莱珉银行的女职员有时还要忍受敌意和歧视。但令尤努斯感到欣慰的是，贷款的还款率超过98%。这些贷款用来买了竹条、种子、肥料、做点心的模子、烤箱等等形形色色的东西。穷人的信誉远比富人高，因为如果他们不按时偿付贷款，他们将失去唯一的机会，重陷贫困的旧辙。尤努斯的理论得到了证实，贷款者的生活也改变了。一些过去不得不乞讨度日的人能够有规律地吃上饭了。

一次突如其来的政变中，恰巧在孟加拉乡村发展学院的尤努斯和所有人都被禁止离开。他邂逅了在美国时认识的好朋友，当时巴基斯坦驻华盛顿大使馆商务参赞穆希思。在漫长的等待时间里，像很多时候一样，尤努斯满怀热情地向这位老朋友讲述自己的格莱珉理想。但出乎意料的是，几天后，穆希思被认命为新政府的政务大臣。尤努斯不无恢谐地说："虽然孟加拉国人口有一亿多，但他完全被一小撮人掌握，他们彼此大多是大学时期的朋友。孟加拉国的这种社会政治方面的不幸特色常常能帮助格莱珉银行克服一些简直不可逾越的官僚障碍。"

这次，穆希思就帮了他的忙，并最终促使这个一直屈居于其他银行的"格莱珉试验分行"在 1983 年成为一家真正的银行——格莱珉银行，一家专门为穷人服务的独立银行。

从孟加拉到全世界

成立独立银行并没有使所有问题迎刃而解。

格莱珉银行甚至奇怪地成了一家政府控制的银行，他成了政府的公务员，连出国都和公务员一样得经过总统的批准。1985 年尤努斯甚至遇到这样的荒唐事儿：他要出国参加联合国妇女大会的申请未被总统批准，因为"一个男人为什么要参加妇女大会呢?"尤努斯不断地去敲各种各样的门。总统的门、财政部长的门、计划大臣的门……他终于由一名公务员变成了银行的雇员，格莱珉银行也可以自由地选择一位为其股东利益服务的总裁，而不必听从政府的吩咐了。

格莱珉银行飞快地发展着。整个 20 世纪 80 年代，格莱珉银行每年大约新增 100 个分行。数以万计的人通过成为格莱珉银行的借款人而摆脱了贫困。贷款项目开始从帮助生存进而发展到了更高的标准，比如房贷；穷人关注的问题从衣、食发展到住和行。

90 年代，格莱珉银行的借款人的经济生活改变后，政治生活也开始改变，他们自觉地作为方阵参加选举，他们甚至在 1996 年取得了一种从来没有过的胜利：在全国大选中，妇女被选的人数超过男性。到 2005 年，格莱珉银行每天就有一家分支机构开业，尤努斯说，2006 年大概每天会有两家分支机构成立。除了创立初年的 1983 年和发生重大自然灾害的 1991、1992 年，格莱珉银行每年都盈利。

格莱珉银行的贷款业务发展到了通讯、信息、教育等领域。同时，尤努斯还逐步在向全世界证明，他的格莱珉银行同样能够适用于其他贫困国家。

两个对尤努斯和格莱珉银行试验非常佩服的加拿大人在菲律宾开始播种格莱珉的种子。后来是 90 年代在马来西亚开始了三个项目，再后来是非洲和拉丁美洲，甚至是美国、欧洲这样的发达国家和地区。1986 年，尤努斯在美国的阿肯色州见到了后来成为总统的克林顿州长，他对格莱珉银行非常感兴趣，鼓励尤努斯在阿肯色州“应用它”。尤努斯在这里见到了他从未想像到的“美国人”——福利救济金的领取者，这些人没有银行账户，有的已经贫困了两三代，尤努斯说：“他们脸上的恐惧与疑惑，与我在孟加拉国无数次见过的一样。”他们对于贷款的用途甚至也和孟加拉国的借款者如出一辙：美容师要买个修甲箱、裁缝想要个缝纫机、擅长做玉米粉蒸肉的需要个小推车以便能把做的肉推到街上去卖……

格莱珉银行后来在阿肯色州的项目改名为“信任基金”，帮助了许多贫穷的人。1992 年克林顿接受《滚石》杂志采访时，还曾因热衷于谈论这个小额贷款项目而被嘲笑。

尤努斯越来越坚信：全世界的穷人都有贷款价值。

争议与进步

即使是今天，对于格莱珉银行的争议也没有停止。而尤努斯也几乎是在和一切传统势力斗争的过程中前进的。开始时是保守的宗教人士，他们甚至警告妇女：如果加入格莱珉银行就将受到惩罚，死后不得以伊斯兰葬礼安葬——对于一个一无所有的妇女来说，这是一件可怕的事。后来是银行和政府。几乎所有的银行都对他和他的计划抱以讥笑。他们把格莱珉银行的成功归功于尤努斯和他的助手的辛苦工作，并不具有推广概念。“我们不可能在每个分行都有一个尤努斯。”尤努斯多年来甚至与一些国际援助组织也关系恶劣。最有名的当属世界银行。他甚至说：“世界银行里总还有人懂得小额贷款是怎么回事，但是由于风格迥异，多年来我们把更多的时间和精力花在争议上，而不是互相帮助。”

他对于传统扶贫方式中最反感的一点就是：这些机构一致要求首先进行技能培训，而尤努斯对这一点坚决反对。他的观点是：所有人都有一种与生俱来的能力，他称之为“生存技能”。“穷人活着，这一事实就清楚地证明了他们的能力，不需要我们来证明，他们已经知道如何去做这件事了。所以，我们不应该去浪费时间教给他们新的技能，而应是努力去最大限度地利用他们现有的技能。使穷人得到贷款，就是使他们得以立即实践他们已经掌握的技能——纺织、脱粒、养牛、拉人力车等等。”他对于一些政府要员、非政府组织和国际顾问们要求培训的做法嗤之以鼻，他也反对把大把的钱花到一些咨询机构、国际会议以及研究中去。

当然，随着格莱珉银行的壮大与成功，这些国际组织也逐步改变了他们坚持多年的傲慢，与尤努斯开始了友好的合作，并成立基金会，用于多个国家的格莱珉项目复制。但尤努斯并不满足。在数年前，他的一个希望是：到 2005 年，这些复制项目能够达至 1000 万个借贷者。“为达到这个目标大约需要 22 亿美元，这听上去可能是一大笔钱，但是，它还不及我的一个美国朋友为他的法学院募集到的捐款的两倍多呢。”不过，这次的诺贝尔和平奖对于尤努斯是一个巨大的助推器，他高兴地说，“更多人从此意识到了小额贷款的作用，我们在工作中一定会得到更多的帮助与认可。我们的目标一定会实现。”

诺贝尔奖的故事

提到诺贝尔这个名字，全世界几乎无人不知、无人不晓。诺贝尔是瑞典籍的科学家、发明家，他因发明炸药、雷管并经营、生产这两样东西而成为富豪。诺贝尔临去世前留下遗嘱，决定在他死后把遗产的一部分作为基金，以其全部利息分成五等份，作为“对人类幸福最具贡献者”的奖金，即：诺贝尔物理、化学、生理或医学、文学、和平事业五个奖项（1968 年增设经济学奖）。

诺贝尔幼年时，家境并不好，父亲为了一家的生计，只身前往波兰，但仍不能谋得好职业，后来又辗转来到俄国。

诺贝尔 9 岁那年，父亲从俄国来信说，他已经在圣彼得堡开办了一家制造军用机械的工厂，俄国对他很重视。父亲叫全家到他那里去定居。1843 年 12 月 22 日，也就是诺贝尔 10 岁生日那天，全家人离开瑞典，乘坐轮船渡过波罗的海向圣彼得堡出发。

诺贝尔没有辜负父母的期望，他读书很用功，很快便学会了俄语，接着又学会了英语、德语。他的学习兴趣广泛，不仅阅读有关机械、物理、化学方面的书籍，还更喜欢文学，偶尔还会作诗自我欣赏呢。

有时候，诺贝尔和哥哥们会到父亲的工厂去，他总是被那些转动中的机器深深地吸引住，但他却又发现了更有趣、更好玩的东西，那就是装入水雷的火药。当时的火药，无论是用于枪炮或水雷，全都是黑色的。诺贝尔会偷偷地带点火药回家，为了避免让爸爸发现而挨骂，他经常把火药粉放入纸袋中悄悄带走。

诺贝尔用带回家的火药做烟火，他把火药放在纸筒里，然后竖立在草地上，点着火后，火药会“咻”的一声，在黑暗的夜晚中喷出美丽的火花。他又模仿父亲的发明，尝试做地雷来玩。他先用纸把火药粉包成圆团，再用较韧不易破的纸搓成长条，作导火线。他觉得这还不好玩，又把火药装入小空罐中，封紧盖子，再点燃导火线。“砰!”炸裂的罐子发出了巨响，盖子飞了起来，大家都吓了一跳，跑出来看是怎么回事。诺贝尔的调皮很快被父亲知道，父亲严厉地禁止他玩火药。

工厂的员工们听说此事，也不再让诺贝尔接近火药。但诺贝尔心想:“哼，不给?我就自己制造火药。”他翻阅化学课本，了解到火药原来是把硝石、木炭和硫磺混合，难怪火药都是黑乎乎的呢。诺贝尔的试验成功了，因此他又开始玩烟火了。这是一种非常危险的游戏，最后难免被父亲发觉而遭到禁止。但诺贝尔从玩耍中，发现了火药包扎的松紧与爆炸强力成正比的基本原理。

转眼间诺贝尔长到 17 岁了。这时他的两个哥哥已在父亲的工厂里工作。父亲跟母亲商量，想让诺贝尔也到工厂上班，专门搞新产品的研究和开发。为了让他先打好坚实的基础，父亲先派他去美国，跟发明螺旋桨式汽船的瑞典人学习一段时间。

于是诺贝尔第一次离开了父母亲，远涉重洋到了美国。他投入到了瑞典籍的美国大发明家艾利克逊门下。艾利克逊对他的到来深表欢迎。

诺贝尔跟艾利克逊学习了许多有关各种机械的技术，并帮助艾利克逊从事热空气引擎的研究工作。热空气引擎也就是今天的燃汽轮机，在当时还没有普遍使用。诺贝尔从这项研究中得知，物体燃烧发热能使气体膨胀产生力量的原理，并学习到许多新的知识。

可是单独来到遥远国度的诺贝尔，心中交织着复杂的情感，这使他对文学的兴趣胜过对机械的研究。每当他想家感到孤寂时，大诗人雪莱的诗便成了他的寄托，写诗也成了他的主要消遣。

这时候，俄国和英法联军发生了战争。诺贝尔家的工厂大量生产的水雷，供不应求。水雷的威力被证实后，有两位化学专家专门来到工厂访问，他们就是在俄国学术界留下许多功绩的希宁博士和特拉浦博士。

父亲把诺贝尔介绍给两位专家。希宁说："为了使俄国获胜而早日结束战争，我们想制造威力更加强大的炸弹，能不能和你们工厂共同研究?"诺贝尔说："当然可以，不过，这太突然，一点头绪也没有呀。"特拉浦博士说："这点你不用急，我这里有强烈的液体爆炸物，但它的威力无法确定，所以有没有实用价值，这点还没有把握。"他说着拿出个装着透明液体的瓶子来。

诺贝尔一见便说："啊，销化甘油!"他从书本上得知，这是1847年意大利科学家沙布利诺发明的，今天他是头一次看见。沙布利诺因试管中的硝化甘油突然爆炸而受伤，从此便停止了试验。

两位专家把瓶子留了下来，让诺贝尔做试验用。诺贝尔此时也不会想到，这件事后来会引起全世界的注意，能带给他辉煌无比的人生。

诺贝尔和父亲开始悉心研究硝化甘油。由于它呈液化状态，稍微处理不当就会发生可怕的爆炸。但硝化甘油却是心脏病患者的有效医疗用品，至今仍被广泛使用。

俄国最终战败了。诺贝尔家的军事工厂因此陷入困境，被迫停工。父母亲带着诺贝尔的弟弟回瑞典去了，诺贝尔和两个哥哥仍留在圣彼得堡。工厂换了新老板。诺贝尔由于改良了晴雨表、水计量表并取得了专利，因此受到了老板的器重。这时候，父亲来信说他已开始对硝化甘油做研究，并问诺贝尔的进展如何？诺贝尔决定继续研究，不输给爸爸。

经过许多次试验，诺贝尔发明了将硝化甘油装入小玻璃管中再放进一个铁罐里，四周塞满黑色火药，再用导火线点火。“轰！”一声巨响，试验成功了！这种能使火药完全爆炸的小玻璃管，便是诺贝尔的发明物——雷管。

由于诺贝尔发明了雷管，使硝化甘油能安全地使用于矿山、隧道的爆破工程，因此他高高兴兴地把这项发明带到了父亲身旁，而他父亲在这方面却毫无进展。

诺贝尔和父亲打算成立一个诺贝尔硝化甘油公司。为了筹措资金，诺贝尔前往法国，四处拜访巴黎的银行，向他们说明他从事的是一种具有伟大远景的事业。但是，没有一家银行愿意贷款给他。后来，幸运之神终于向他伸出援手了，法国国王拿破仑三世对他的发明很感兴趣，认为硝化甘油在军事上将会有广泛的用途。诺贝尔因此获得了10万法郎的贷款。

诺贝尔和父亲在瑞典斯德哥尔摩郊外筹建了一个小型试验工厂，

这就是诺贝尔火药工业公司的前身。1863 年诺贝尔满 30 岁时，火药工厂正式开始制造硝化甘油。他的弟弟艾米尔也是个炸药迷，他每天泡在工厂里帮助父亲和哥哥。不料由于大意，9 月 3 日这天，工厂突然发生爆炸，成了一片火海！诺贝尔和父亲赶到出事现场时，工厂已成了一片废墟。他们从残留的灰烬中找到五具遗骸，其中一具便是诺贝尔最疼爱的小弟艾米尔。

经受这次重大刺激后，父亲因脑溢血而病倒，母亲终日以泪洗面。诺贝尔也是悲痛万分！但他从悲伤中重新再奋起，并立下一个宏愿："我一定要找出硝化甘油最安全的使用、存放和大量制造的方法。"

无奈警察机关严禁诺贝尔火药工厂复业，并不准许他们在离市区 5 公里内做这项危险的试验。诺贝尔于是到乡下去寻找用地，但人们都拒他于千里之外，他不得不死了这条心。诺贝尔只好买了一艘大船作工厂，到一个大湖上作试验。尽管如此，其它船只上的人因上次的爆炸事件而心惊胆寒，不许诺贝尔的"水上工厂"靠近。为此，诺贝尔不得不经常改变停泊位置。

硝化甘油炸药又生产出来了，但由于爆炸事件，没有人敢购买。诺贝尔心想，没有人敢使用，我的努力岂不是白费？他于是决定扩大宣传，并亲手示范表演，让人们知道这是一种不仅威力强大而且安全可靠的炸药。受邀者目睹了他的示范表演后，渐渐地打消了疑虑，工厂的订单又源源而来。

诺贝尔又到德国汉堡去开设火药工厂。工厂不大，四周环绕着 4 米厚 3 米高的围墙。这座小小的工厂，从此却支配了世界火药界。

汉堡的硝化甘油工厂，不久成为热门的消息而传遍了世界每一个角落。

当时在德国，硝化甘油也仅仅是被用在铁路工程方面和铁矿的开采上。

诺贝尔的硝化甘油的信誉步步高升。其实硝化甘油还和从前一样，依然是危险的爆炸物。它之所以没有节外生枝，是因为德国气候寒冷，硝化甘油在低温下不易爆炸的缘故。这种炸药搬运起来也很危险。由于硝化甘油是一种粘稠的液体，有些无知的人竟把它当做润滑油来使用。更可笑的是，有一个旅馆的服务员，竟以为那是光亮剂，拿它擦皮鞋和皮裤。

有一位德国旅客到纽约的旅馆投宿，外出时他把一个小盒子存放在服务台。服务员不知道盒内装的是硝化甘油，随手便放在椅子下面。不久服务员发现小盒子冒黄烟，惊慌之余，他拿起盒子就往马路上丢，转眼工夫，就引起了一场大爆炸。附近一带民房的门窗玻璃全被震破，而马路上丢盒子的位置炸成1米的深坑！

这件事立刻成为报纸的头条新闻，以最醒目的标题、最大的篇幅谴责硝化甘油。1866年3月，巴拿马一艘名叫“欧洲号”的轮船离港时，甲板上的硝化甘油突然爆炸，致使17人死亡、船身严重受损。在旧金山的一个仓库中，硝化甘油爆炸又造成了14人死亡……接踵而来的爆炸灾害，致使各国都严格禁止硝化甘油的贮存和制造。聆听这些骇人听闻的消息，硝化甘油最早发明人沙布利诺震惊地说：“我怎么会造出这种残害生灵的罪恶物品来？我真后悔呀！”

诺贝尔面对这些打击和不绝于耳的责难，并没有灰心丧气。他想起那些无辜的被炸死的人们、想起可怜的弟弟艾米尔，暗暗下定决心，一定要研制出一种十分安全的硝化甘油炸药来。经过无数次试验，他终于研制出一种用雷管引发的、固体状态的硝化甘油炸药。

1866 年 10 月，德国克鲁伯地方组织了一个硝化甘油炸药审查委员会，对诺贝尔所制造的炸药在安全性和威力方面做了一次安全审查。全体委员审查后一致认为：这是一种成功的产品，在使用和运输方面都可以绝对放心。

诺贝尔多年来的辛勤努力，终于有了结果。第二年年初，德国矿业界人士前来订购大批硝化甘油炸药。由于采矿的效率提高了，而且从未发生意外，矿商们个个眉开眼笑。接着，法国、英国也来采购，连诺贝尔的祖国瑞典也订购了。诺贝尔见瑞典已愿意采用，高兴地说："我总算能够为祖国尽一点心力了。"

一度被视为可怕的危险物品，现已成为赐福人类的大功臣。硝化甘油炸药用途之广难以尽述，像隧道工程、开发铁路、挖掘运河、开山辟地、铺路架桥等等，都需要它。

硝化甘油炸药促进了世界科技的快速进步。诺贝尔的克鲁伯火药工厂在不断地扩展着。到 1874 年，硝化甘油炸药的供应量达到 3120 吨。

不久，德国和法国爆发了战争。当时德国被称为普鲁土，也就是历史上著名的普法战争。法国无法抵挡新的硝化甘油炸药的威力，终于向普鲁士投降。诺贝尔听说被炸死炸伤的士兵的状况令人惨不忍睹，心中的愧疚感油然而生，他又忆起了惨死的幼弟艾米尔。他深深地责备自己："硝化甘油炸药竟然给人类带来痛苦，带来不幸！

我有罪呀……”他的工厂投资合伙人劝慰他说：“不，您千万不要这么想，炸药本身无罪，是战争带给人类痛苦的。炸药用来开矿、铺路、搞建筑，不是在为人类造福的吗?”

1872年9月3日，诺贝尔的父亲与世长辞，终年71岁。父亲去世后，母亲仍留在斯德哥尔摩老家，度过孤寂而平静的晚年。诺贝尔的两个哥哥也很有出息，他俩在俄国的巴库发现了油田，开办了一家石油公司，并且发明了用地下管道输送石油的方法。诺贝尔因经营硝化甘油炸药而发了大财，成为世界闻名的大富豪。之后他迁居意大利，一直到去世。

诺贝尔一生刻苦学习和钻研，他不但发明了硝化甘油炸药，还发明了汽车自动刹车装置、石油连续蒸馏法等，共取得了355件专利。

诺贝尔虽然成了大富豪，可他和妻子、儿女的生活依然与过去一样，从不奢侈浪费。他经常把大笔款项捐给慈善事业，毫不吝啬。诺贝尔的慷慨大方之名很快传遍了世界各地，因此要求他帮助的穷人络绎不绝，但诺贝尔从不厌烦，总是尽力去帮助他们。这样一来，每天都有大群的贫民等候他救济，诺贝尔深感为难，感到招架不住了。他写信给哥哥谈起这件事：“我每天光是收到的求助信，就不下20封，估计每天支出的救济费约2万克郎以上。一年下来就得花去700多万克郎。长此下去，恐怕世上最富有的人也招架不住了！”尽管如此，诺贝尔仍尽力帮助穷困的人，可恶的是这些人中总是夹有诈骗之徒和无赖。

诺贝尔多才多艺。他自幼喜爱文学，平时工作再忙碌，他也要偷闲阅读小说和作诗。他更喜欢哲学，他说："饭可以不吃，哲学书不可不读。"正是哲学的思辨和文学的想象力，推动了他的科学发明。他喜欢易卜生的戏剧，他和法国大文豪雨果的交情也不错。他不但经常写诗，30 岁那年还写了一部名为《兄弟》的小说，后来又写过一部《非洲的光明时代》的历史小说。在 1885 年，诺贝尔写过一部《专利病菌》的喜剧，1896 年临去世前，又完成一部叫《报应》的悲剧。

诺贝尔不像有些发明家只会搞发明不会经营，他还是个极其精明的大企业家。他终生守着自己研究、自己创造、自己生产、自己销售的不变法则。他很了解商业界的阴谋险诈与反复无情的激烈竞争。诺贝尔将世界各地的硝化甘油炸药公司联合起来，形成庞大的"托拉斯"，无论在生产、经营、技术等方面均由他独揽大权。这种托拉斯式的营运组织，已为世界各大跨国公司采用，这是诺贝尔在商业上的一大成就。

诺贝尔的托拉斯成为世界性的特大企业，1886 年他就拥有 9.7 亿美元的资产。

但是，如果诺贝尔只是位发明家和企业家的话，那么诺贝尔奖也就不可能诞生了。诺贝尔一生最伟大的发明是硝化甘油炸药和飞行炮弹。这两样东西本身是中性的，它既可以用于防卫又可以用于侵略。诺贝尔一生致力于为人类造福，致力于世界和平和社会的文明进步。所以在 1896 年他临去世时，留下了永恒的遗嘱：将他财产的一部分，作为诺贝尔奖基金。颁奖典礼定于每年的 12 月 10 日、也就是诺贝尔逝世纪念日，由瑞典国王在斯德哥尔摩颁奖。

残友集团的故事

一件灰色的外套，一头花白的短发，一脸矍铄的神色，除了身下的轮椅，这个 59 岁的湖北老汉并无特别之处。

但事实上他每天都在跟死神抢时间。郑卫宁天生罹患重度血友病，凝血因子含量过低导致他身体随时可能大量出血，59 年来他依靠定期输血维持着生命。

命运让他无法不淡看死亡，而他倔强活着的理由，是他创立 15 年的残友集团和旗下 3000 多个残疾人兄弟。

新的活法

“我没那么伟大，只是想给自己换个全新的活法。”郑卫宁向《商界》记者如实地回忆自己的创业初衷。1991 年，国内大规模爆发血液交叉感染，为了确保血源安全，郑卫宁举家从湖北搬迁到当时唯一实行义务献血的深圳。

然而，陌生的环境让他陷入了一种自我嫌弃的抑郁当中：往日熟悉的邻里关系不复存在，妻女忙着各自的工作与学习，加上母亲去世，他开始质疑起自己的生存价值来，在最低落时甚至尝试过自杀。

“自己就是个累赘，活着有什么意义？”1998 年的一个晚上，郑卫宁将妻子哄睡后，独自来到阳台。掏烟点上狠狠地吸了几口后，他扶着栏杆颤颤巍巍地从轮椅上站了起来，准备翻身跃下，让自己得到彻底解脱。正当他努力将腿抬上栏杆时，衣角突然被人紧紧拉住，泪流满面的妻子从背后牢牢地抱住了他。聪明的妻子早已发现郑卫宁的异常，并一直跟随其后。

看着哭得泣不成声的妻子，郑卫宁彻底爆发了："我就是个废人！你让我去死好了！"

"你死了我和女儿怎么办？要死的话，我们一起跳！"激动的妻子狠狠地给了他一耳光。

是啊，自己死了，妻女怎么办？"我也不想这样赖活着啊！"郑卫宁瘫坐在地上绝望地嘶吼。

为了防止郑卫宁继续犯傻，妻子第二天买了台电脑供他上网解闷，并和他约定：只要不再轻生，做什么都行。

不到生命的绝境，便无法体会那种无助的悲凉感、以及对于希望的极度渴求，哪怕只有一点点。

妻子买来的电脑，彻底改变了郑卫宁的人生。他通过互联网帮助另一位残疾人找到了急需的资料，当收到对方特意寄来的感谢信后，他的内心第一次有了波动：原来自己还是有价值的。更重要的是，互联网让郑卫宁产生了创业的想法：这种对办公地点、身体素质几乎零要求的工作方式，似乎就是为自己"量身打造"的，同时更能让自己摆脱无所事事的颓废状态、换种新的活法。

1999年，郑卫宁找到刘勇、麦健强等4名"有电脑技术"的残疾人，成立了残友公司，创立了中华残疾人服务网。

尽管设计简陋，但这个涵盖残疾人病情交流、生活互动等多个版块的网站一经推出，便迅速在圈内走红。不到一年的时间，就创下全球残疾人福利网站点击率最高的纪录。而作为带头人的郑卫宁，也被无数残疾人网友尊称为“大哥”。

“大哥”是什么概念?

军区大院出生的郑卫宁，生性豪爽耿直。母亲去世时给他留下了 30 万元现金和两套房子。他将房子拿出来当“公司”，客厅办公、卧室供大家住宿，除了工资之外，他还承担了大家的生活开销。

一些残疾人慕名投奔而来，他也从不拒绝。一位高位截肢的残疾人用双肘撑着两个小板凳，前来投靠残友，郑卫宁送了他一辆轮椅作为见面礼，并捏着他的肩膀一字一句地说到:“从现在起，这就是你的家，我就是你的大哥，有任何困难尽管找我。”这个自小因为残疾被父母遗弃，一直借助小凳子爬行的青年，再也抑制不住激动，扑到郑卫宁的怀中大哭起来。

当狼的资本

2000 年，一家公司希望以 1000 万元收购中华残疾人服务网，但遭到郑卫宁的反对:“他们想用自己的团队，这意味着我们要解散，这肯定是不可能的。”尽管合作不成功，但郑卫宁从中发现了网站设计和软件开发的业务。然而，这条看似一片光明的出路，却泼了郑卫宁一盆冷水。

在创业初期，郑卫宁跟客户洽谈业务时，对方一看到合作对象竟然是一群残疾人，大多都会投来异样的眼光，有时甚至是一种明显的鄙薄。

一次，上海一家原本已经达成合作意向的公司前来考察残友，发现残友员工全是残疾人后，态度立刻改变了，对郑卫宁撂下话："我们可不是慈善公司！"在随后的谈判中，除了不断质疑残友的开发实力外，对方还把原本已经谈好的30万元价格压到6万元，意在让郑卫宁自行放弃合作。

谈判桌上，面对对方轻蔑的脸色和侮辱性的价格，郑卫宁一言不发，他压抑住想给对方一拳的冲动，紧捏着拳头转身回到办公室。员工们随即围了过来，气愤难当地说："大哥，我们不做了！""大哥，我们不能受这个气！"

但郑卫宁却冷静下来，在思考良久后，他咬了咬牙说："接！"原因无他，此时的残友并没有太多选择，这个行业的机会也并不多，如果放弃，他们很难再找到下一单。

而郑卫宁也想证明残疾人并不比健全人差。

此后，残友开始以难以置信的低价，如饿狼一般在市场上疯狂抢夺订单，这招来了业界同行的非议乃至仇视。

一些同行为了抵制残友、夺回订单，甚至在客户面前拿他们是残疾人说事。这让郑卫宁愤慨不已："我随时都会死，命都不要了，还在意其他人的看法?!"一次他到北京出差洽谈业务时，刚抵达酒店就突然出现了尿血症状，吓得跟他一起出差的员工连忙背着他往医院跑。谁知他们找了两三家医院，都没有医生敢为他注射自带的救命针剂。

看着逐渐失去知觉的郑卫宁，几近崩溃的员工在凌晨两点多拨通了深圳义工联的电话，让他们火速联系北京的义工，以便能为郑卫宁用药。当义工护士在一个小时后匆匆赶到酒店时，郑卫宁已经两手冰凉、面无血色。所幸的是，一针药剂几乎在最后一刻，把郑卫宁从死神手中抢了回来。这种置之死地而后生的搏命精神，后来逐渐成为了残友的一种企业文化。

2007年残友向CMMI认证发起冲击。CMMI类似于传统行业的ISO认证，代表着软件企业的开发品质和成熟程度，通过的等级越高，在行业地位也就越权威。

在当时深圳数百家软件开发公司中，只有十几家公司拥有这一资格。而且其认证过程也极其困难，一款软件要抽取100个功能点进行考察，每个点由两三个员工共同完成，只要其中一个环节出错就全盘皆输。在这一过程中，除了要考察员工的能力之外，更要考核他们对公司的忠诚度——考试将全程保密，除了监测官外，没人知道是谁或者哪个环节出错，这给了对公司不满的人故意出错的机会。尽管如此，郑卫宁仍然决定背水一战。

他拿出当时残友几乎全部的现金流35万美元，报名参加了认证考试。随后在一次午饭时间，他在食堂将参与测试的人员组织起来，挥起拳头大声吼到："公司是我们的家，有了认证才能过得更好，谁要是出了错，大家都会卷铺盖走人！"

郑卫宁的话直戳大家的痛点。在场的员工们先是一怔，缓过神来后开始纷纷表达决心。对于从小受到歧视的残疾人员工来说，最在意的并非经济利益，而是个人存在的价值。健全人失败了换份工作就可重新再来，而他们如果失败了，残友就会倒下，他们就只能回到原先毫无意义的潦倒生活中。

经过一年多的反复测试，残友最终通过了CMMI五级认证，这使得残友不仅能为华为、中广核等大型集团提供软件外包服务，还获得了来自微软、IBM等全球巨头递来的橄榄枝。

更大的责任

获得权威认证的残友，在郑卫宁的低价策略下很快占据了深圳大半的软件开发市场。而在残疾人群中，残友也成了一棵可以遮风避雨的大树，这一度让郑卫宁非常头痛。残友毕竟不是慈善机构，在前来投奔的残疾人中，很多没有软件技术的残疾人，他们并不能为公司创造效益，反而会成为负担。

但郑卫宁又狠不下心来拒绝："抛弃他们就意味着推他们去死，你敢做么?"怎么办?

在2010年的达沃斯论坛上，郑卫宁在会场看到了中国电商教父马云。这种机会岂能错过?他主动上前和马云打招呼，并刻意聊起残疾人就业难的问题，希望得到平台来改变命运。

然而，面对郑卫宁突如其来的"搭讪"，马云并没有接招。郑卫宁急了："我们不像那些残疾人组织那么官僚！我们不要钱！阿里云服务里面有近3万个职位，给我们60个总可以吧?我来安排人，干得好你就用，干不好你就把他们咔嚓了！"他的一席话让马云笑了起来，觉得这个坐在轮椅上的人有点意思，随即派人跟残友进行业务对接。

后来，双方在残友珠海分公司开了培训班，由马云派人前来指导和考核，并约定如果60人全部过关就给名额。为了能拿下这个机会，郑卫宁特地组织了一批重残患者，再亲自逐一挑选，并租下一间教室日夜兼程地给他们灌输电子商务以及客服培训的相关知识，直到他们正式通过阿里巴巴的考核、获得了来之不易的60个名额。

初次合作成功后，残友和阿里巴巴很快开启“百城万人就业”计划，由淘宝提供200个端口给残疾人做电商客服，而残友除了安置合适人选为淘宝服务外，还由各地分公司提供当地的特产，诸如新疆分公司的葡萄干、海南分公司的椰子糖等产品，自己在淘宝开设官方网店，让残疾人担当客服，以此改变他们的命运。

电子商务为郑卫宁打开了一道门。在与阿里巴巴合作的基础上，他组织残友进一步和多家公司开展电商合作，以对方出资、自己出人的方式创建公司，再按比例进行利润分成。2011年，残友集团解决了3000多名残疾人的就业问题，旗下全资子公司以及合资公司的总体营收达到1.2亿元。

去郑卫宁化

在残友集团3000多员工眼里，“郑大哥”就是公司的宗教领袖。当年坚持做软件、制定公司制度、做电商都是由郑卫宁一句话说了算的。

在他的苦心经营下，残友发展成了拥有32家社会企业和11家社会组织的大集团。如果说郑卫宁还有一丝顾虑的话，那就是如果自己突然去世，残友怎么办?

2009年，郑卫宁成立了以他名字命名的深圳市郑卫宁慈善基金会，并将自己所持有的32家企业的全部股权捐给基金会，使基金会成为残友集团的最大股东。

基金会由公司 11 位高层把控，在遇到重大问题时，必须投票表决。

在这一架构下，社会企业获得了完整独立的公司身份和竞争力，非营利性质的社会组织能为社会企业提供服务，包括照顾残疾员工的日常生活，这让社会企业无需负担残疾员工所产生的额外成本，企业可以轻装上阵参与行业竞争，而其创造的利润上缴给基金会、再由基金会反哺社会组织。

这一架构的成立意味着以后所有决策都将由基金会拍板，残友将逐渐淡化“郑卫宁”的痕迹。

为了表明自己退出的决心，郑卫宁还从残友总部的办公室搬离出来，甚至连自己的出差费用都必须由基金会签字才能报账。这一年，在基金会秘书长刘海军的陪同下，郑卫宁找到律师做遗嘱见证：“以后我的财产全部捐献给残疾人事业，不是由家人来继承。”郑卫宁疯了吧！很多朋友在得知这个消息后纷纷找到他，希望他能收回意见，将财产交给女儿管理，“至少留一部分当作嫁妆”。但郑卫宁偏不。

“女儿已经大学毕业工作了，她可以不靠我的钱来生活，这些财产可以使很多残疾人活得快乐并且有尊严。”

创建残友集团至今，郑卫宁的时间和精力几乎全部投入到工作当中，而忽略了那个曾经哀求他要活下去、创业时为他和团队做夜宵、在他身边相濡以沫的妻子。

2013 年，郑卫宁的妻子因为抑郁症发作跳楼自杀。这一打击让他久久无法恢复过来："当初自己只想到工作，而忽略了她的感受，是我对不起她。"妻子去世后，害怕触景生情的郑卫宁从家里搬到公司，三个多月后才鼓起勇气回家收拾遗物。整理财产时，郑卫宁发现自己一共有22万元的存款，再加上一套200多平米的住宅。这就是"大哥"如今的全部身家。

Public Welfare、Finance
and Goodness Economy

· 第四章 · 公益金融与工具

公益金融，超越无偿赠与

金融是关于货币流通、资金存贷、币种汇兑等在内的一种特殊经济活动。按照陈志武教授的观点，金融的核心是跨时间、跨空间的价值交换，所有涉及价值或收入在不同时间、不同空间进行配置的交易都是金融交易。按照重庆原市长黄奇帆的观点，金融的本质就是为有钱人理财，为缺钱人融资，信用、杠杆和风险，以及服务实体经济。2008 年全球金融危机后，人们对华尔街的批判并不能代表金融为“恶”，正如一种工具，好人用可以为善、坏人用则协助为恶。

公益金融（Social Finance）就是把金融变成公益的工具，整合资源、创新观念，利用金融手段、金融模式、金融市场等，超越传统的无偿赠与，提高公益效率，保护慈善需求，保障公益效果，放大公益效应，让资本释放出美好力量，让善意善心聚沙成丘，让公益活动更可持续、更有力地解决社会问题，改善人们生活，促进社会公平，为社会带来更大的福祉。

慈善基金，让善意聚沙成丘

相对于整个社会的救助需求而言，仅仅依靠社会所能直接获得的捐赠资金是极其有限的。19 世纪末 20 世纪初，欧美等发达国家最先出现了一种具有现代慈善性质的非营利组织——慈善基金会，放弃直接扶贫济困的捐赠方式，把财富转为慈善基金，成立慈善基金会，借鉴现代企业制度、商业化的操作方式，围绕贫困的根源和社会长期福祉开展慈善事业。主要有以下几种形式：

（1）家族慈善基金会。慈善基金主要来源于家族财富捐献，慈善基金会主要由家族成员来管理拨款和行政事务，一些大型家族基金则会雇佣职员来管理拨款，而家族成员则组成董事会并发挥监督作用。发达国家的多数基金会都从家族基金会起步，如 1904 年成立的洛克菲勒基金会、1911 年成立的卡耐基基金会，还有 2000 年比尔·盖茨夫妇成立的比尔和梅琳达·盖茨基金会，已成为了全球最大的家族慈善基金会。

（2）社会慈善基金会。慈善基金由个人或公共机构捐赠，慈善基金会则由社区领导管理，一般由领薪员工来监督拨款和筹款工作，处理来自特定社区或地区的援助需求。美国克利夫兰基金会是世界上第一个社区基金会，于 1914 年在美国成立。

（3）企业慈善基金会。慈善基金由企业捐赠，企业慈善基金会往往由企业领导管理，体现了企业的一种关怀精神，并利用企业的专长和资源，帮助和改善人民大众的生活。其捐赠用途十分广泛，捐赠金额很大部分集中于教育领域，目的是培养下一代的工人。

(4) 政府慈善基金会。慈善基金来源于政府公共资产或财政资金。例如，大众汽车基金会就是由政府公共资产出售而设立的。大众汽车起初是一家德国国企，在 20 世纪 50 年代进行了私有化，出售公司所得收益的 60%用来成立该基金会，其使命是通过资助德国科学和技术的研究与教学，支持德国科学事业的发展。

20 世纪 80 年代以后，我国的慈善基金与慈善基金会获得了长足的发展，国务院常务会议在 1988 年 9 月通过了基金会管理办法，对基金会的性质、建立条件、筹款方式、基金的使用和管理等一系列事项做出了规定。按照国务院于 2004 年 6 月颁布的《基金会管理条例》，明确慈善基金会成立的条件如下：为特定的公益目的而设立；全国性公募基金会的原始基金不低于 800 万元人民币，地方性公募基金会的原始基金不低于 400 万元人民币，非公募基金会的原始基金不低于 200 万元人民币；原始基金必须为到账货币资金；有规范的名称、章程、组织机构以及与其开展活动相适应的专职工作人员；有固定的住所；能够独立承担民事责任。

慈善捐赠并非慈善基金的全部运作方式，还可以借助金融工具撬动更多资源，取得更好更大的公益效果，比尔·盖茨基金会帮助一所特许学校（charter school）的案例就是一个如何运用贷款担保来撬动资源的很好例证。在美国，特许学校可以从政府申请年度运作经费，但并没有获取投资的渠道来完善学校的基础建设和购买科技器材等。一所特许学校向盖茨基金会寻求 3 亿美元的无偿赠与用作学校建设。盖茨基金会雇佣了专业顾问为该项目进行评估，评估发现该校的收入很稳定，有偿还能力，建议盖茨基金会作为债权担保方为特许学校提供担保，这样可以将学校的偿还利率从6%–8%降低至4%。盖茨基金会采纳了建议，与学校签署协议，同意为学校提供债权担保以吸引来自养老金、保险公司等的私人资本。盖茨基金会还承诺在学校拖欠贷款的情况下，可以承担10%，即3000万美元的债务。由此来看，盖茨基金会甚至不用将它的资金从账户中转出，就通过杠杆的方式帮助该校撬动了3亿美元的资本。

公益信托，用制度保护善意

公益信托是为增进社会之间的公共利益而设定的一种信托。这种信托的受益人不是特指一个人或者两个人，而是社会中享受此类公益的任何人都是该公益信托的受益人。公益信托的目的包括：救济贫穷；救助灾民；扶助残疾人；发展教育、科技、文化、艺术、体育事业；发展医疗卫生事业；发展环境保护事业，维护生态平衡；发展其他社会公共事业。为了避免道德风险和经营风险，提高公益资金的灵活性、主动性和持久性，实现公益财产高透明度的运作和保值增值，早在13世纪，英国就颁布了《没收法》，虔诚的教徒采取信托方式取代捐赠，委托他人经营管理土地，将取得的收益全部交给教会用于宗教事业，从而形成了公益信托的早期雏形。当前，慈善基金会多以公益信托方式来运作慈善事业。

英国的公益信托多为个人信托，土地等不动产仍占有较大的比例；美国的公益信托最早完成了由个人受托向法人受托的过渡、民事信托向金融信托的转移；日本的公益信托采用了“金钱信托”的方式，并对信托财产进行拆分，让小规模的资金也能在适当的时机为公益事业发挥作用。不同国家公益信托的发展具有不同的个性特点，但也呈现出一些共同的规律。一是公益信托的地位和作用日益突出，成为公益事业发展的重要方式；二是公益信托具有捐赠、信托财产运作的不同程度的优惠措施；三是公益信托的发展得益于遗产税的征收。例如，英国《1988 年所得税和公司税法》以及《1992 年公益收益税收法》都对公益信托有相关税收优惠。美国高税率的遗产税起到了鼓励和促使富人在其死后将财产用于公益事业、设立公益信托的作用。日本信托财产从委托人到受托人的转移本身不征消费税。

此外，各国为了规范公益信托事业的有序发展，都设置了相关的机构或者工作人员来负责公益信托的监督和管理。如英国成立了“公益事务署”，除依法享有登记豁免权的公益事业外，任何公益信托的设立、变更和终止都应由受托人向公益事务署办理登记；美国公益信托的监督权主要由州检察长依据《统一公益信托受托人监督法》行使；日本公益信托的主管官署可以随时检查公益信托事务的处理情况，亦可以命令实行财产提存或其他必要处分。

长期以来，我国公益慈善事业主要依靠政府背景下基金会的传统慈善事业捐助，但近年来发生的“诈捐门”“郭美美”等事件暴露了我国慈善公益的监管制度、信息披露、运作效率等方面的一系列问题，严重冲击了社会善心善意对政府背景公益组织的信任，社会更加期盼机制健全、运作透明、效率较高的公益慈善渠道。2014 年 4 月，《关于信托公司风险监管的指导意见》（银监会“99 号文”）要求，完善公益信托制度，大力发展公益信托，推动信托公司履行社会责任。2016 年，全国人大通过了《中华人民共和国慈善法》，进一步对开展公益慈善事业以及对慈善信托做出更为详尽的规定。此后，我国公益信托步入了快速发展的轨道，公益信托基金如雨后春笋般涌现出来。如中国教师引航工程公益基金是由教育部基础教育课程教材发展中心与深圳市创新企业社会责任促进中心联合牵头，特邀政府部门、教育界、基金会、知名企业等多元优质资源联合创立的专项公益信托基金。中国教师引航工程公益基金，以深圳前海为依托，充分利用前海金融创新优势，建立杠杆型教育公益支持模式，以聚合优质公益资本成为引导基金模式，高效率支持中国教师引航工程目标的逐步实现。基金还用于推进中国教师队伍专业标准体系、新型特色研修课程、新型研修基地、新型教研领军人才等项目的研发与建设，以带动中国教师观念转变，提高学生综合素养能力，开展具有引领型、国际化视野的新型学校建设。

公益创投，授人以“渔”而非“鱼”

创业投资追求利益最大化，公益事业则是非营利性的，公益创投就是把风险投资理念运用到投资和帮助立志于公益和社会效益的新兴社会企业或公益组织中。其最基本的特征是，通过公益创投基金参与和支持公益组织发育成长，对其实施建立在明确的业绩追踪、组织目标和工作进展评估基础上的捐助，以期获得最大的社会效益回报。与传统的慈善和商业创投不同，慈善投资只重视社会价值，商业创投只重视经济价值，公益创投则既追求社会价值最大化、同时也考虑一定的财务回报，其投资对象为社会目标组织，主要是社会企业和少部分 NPO。解决社会问题不能仅靠善心来签发支票、不能仅是“授人以鱼”，而是要找到并帮助热心公益的优秀人才创建社会服务性组织，并担当起相应责任、“授人以渔”。

从筹资来源看，商业创投来自机构投资者、政府、银行、养老基金等；而公益创投来自个人、机构投资者、基金会、政府、私募基金等，并且其中的捐赠基金占比高。从分配机制看，商业创投会根据委托代理，在投资人与基金管理人之间寻求恰当的分配比例；公益创投的投资回报一般用于再投资，以创造更多的社会价值，基本上不存在分配问题。

公益创投起源于 20 世纪 90 年代中期的美国，之后迅速扩散至整个欧洲大陆，乃至全世界。2002 年，英国的第一家公益创投机构

Impetus Trust 成立，同年第一支标准意义上的公益创投基金在意大利成立。在英国排名第二的社会投资基金 SIB 基金通过获得英国政府合同就绪管理基金 1200 多万元，撬动了 2.34 亿元私人投资并进入社会投资领域，还带动普华永道、德勤等 50 多家顶尖支持供应商，支持了 1300 多家社会企业的成长。

国内 LGT 公益创投基金于 2007 年由列支敦士登皇室家庭出资倡议成立，其使命是用公益创投的理念，通过提供资金、知识、战略支持，以及相关的社会网络资源投资发展中国家包括服务弱势群体、基础教育、维护可持续生活等领域的非营利性或营利性机构。香港地区的心苗（亚洲）慈善基金 SOWAsia 以人性关怀为准则，在亚洲范围内进行投资，致力于教育、环境和扶贫等领域，并于 2009 年在上海投资了环保科技企业循绿（GIGABase）。除了在资金上用五年期的无息放贷的方式支持 GIGABase 外，SOWAsia 还借用自己的人力和网络关系，帮助 GIGABase 这个外商独资公司解决了法律和技术上的难题。

公益众筹，起源于微小的力量

中国的公益事业正在从政府主导、指令摊派，以及被过度政治化的计划公益，逐渐走向以民间为主、志愿参与以及去行政化为趋势的公民公益。现代公益组织如何发展成为公民公益，成为了最核心的议题。2015 年 3 月 5 日，在十二届全国人大三次会议上，李克强总理在政府工作报告中提出了“互联网+”的行动计划，实际上是创新 2.0 下互联网发展的新形态、新业态，是知识社会创新 2.0 推动下的互联网形态演进。伴随知识社会的来临，“互联网+”正在造就无所不在的创新，推动着全社会以用户创新、开放创新、大众创新、协同创新为特点的创新 2.0，改变着我们的生产、工作、生活方式，也引领着创新驱动发展的“新常态”。

公益众筹恰恰可以作为“新常态”下公益组织的重要工具之一，可以发挥其积极作用。因为公益与众筹本身有着天然的契合，均是通过理念的认同来汇聚力量和资源、实现梦想。社会化媒体的发达、网络门户及平台的出现，在改变着我们生活方式的同时，正在逐步改变公益慈善领域的发展格局。而随着支持方式的变革，从现金到银行汇款再到第三方支付、各种网络捐赠平台的建立与完善，都为公众参与公益事业带来了极大的便利。老式募捐方式慢慢淡出人们的视野，取而代之的是公益众筹等新颖、时尚的筹款方式，为公益组织的发展开辟了更为广阔的发展空间。在这样的背景下，众多中小公益组织也转向网络众筹平台，希望通过网络争取到市场的一席之地，这也为公益事业的发展带来了更为激烈的市场化竞争。

公益众筹作为新兴的公益项目筹款模式，可以增强捐款者和募款者的互动，使公益项目与参与者有更加紧密的联系，有利于增强个人的参与度，推动公益行业加强自身治理、提高管理专业能力，在推动中国慈善体制的市场化改革方面发挥了重要作用。这既扩大了普通主体参与金融事务和公益事业的广度，体现出强烈的普惠价值，又提高了参与深度，促进发起人和投资者双方形成平等、自由、协作的契约精神。由此激发社会价值，展现出更加开放、扁平、去中心化的互联网社会与经济轮廓。

从国内公益众筹发展看，2014 年《中国公益众筹研究报告》中指出从筹款的金额来说，公益众筹成功项目共有 164 例，筹得善款 669 万元。但是国内专业的公益众筹平台发展格局呈现数量少、知名度低、活跃度低的特点，主要是因为平台的地域性较强，无法获得广泛关注。2013 年《中国网络捐赠报告》显示，全国的网络捐赠超过了 5. 2 亿元，而公益众筹的比例仅占到整个网络捐赠的 1. 34%。

以下是公益众筹的几个成功案例:

案例 1:

在湖南吉首，不少偏远学校没有浴室，镇上也没有公共浴室，住宿学生只能在水池边用冷水洗漱。清华大学“湘西温度”实践支队计划开展一次公益教育调研和专业知识相结合的暑期实践，为三所偏远学校搭建太阳能热水供应系统，让住宿学生在冬天也能洗上热水澡。

短短一个多月，来自 85 个人的 60083 元迅速在网络众筹平台上汇集。带着这笔钱，“湘西温度”支队来到湘西，很快，3 所学校的 700 余名住宿师生每人每周至少可以洗上两次热水澡。

案例 2：

有一批自称“象牙塔里白大褂”的清华大学医学院学生发起了名为“白衣乡路”的医疗公益实践众筹。为改善云南省保山市腾冲县城河村村民的医疗条件，他们设计了包括常备内服、外用药的“清和小药箱”等项目，成功募集了 2 万余元。今年清华有 13 支社会实践支队采取公益众筹的方式，共获得了 27 万余元实践资金，全部用于服务地公共设施建设。在大学中颇为火爆的众筹网站发现，在其“公益众筹”频道，有 1000 余个项目，其中相当一部分是由在校大学生发起的。

案例 3：

邓飞是中国公益界最勤奋的求索者之一，从微博打拐、免费午餐到让候鸟飞、暖流计划，他一直都在寻找合适中国国情的公益之路，以帮助农村孩子找到希望。经历了三年的积淀，邓飞团队挖掘了无数的乡村故事，收集了质朴天然的素材。他们想要打造一个“无与伦比”的自媒体，讲述中国乡村最真实的一面。因此，邓飞选择与众筹网公益——无与伦比公益众筹平台合作，回归媒体，继续求索。项目上线仅 7 天，便获得了 30 万元的支持，“孩子与自然”众筹项目的耀眼成果也验证了邓飞的话：“让捐助者看到他们捐助所带来的快乐。”

正是众筹的方式让捐助发生了变化——从捐助到投资，让支持者收获回报和快乐，从而能激励更多人投身公益。

公益信贷，来自尤努斯的经验

前面我们谈到，格莱珉银行是利用社会压力和连带责任建立的一种公益金融信贷模式，主要特点为：瞄准最贫困的农户，并以贫困家庭中的妇女作为主要目标客户；提供小额短期贷款，按周期还款，整贷零还；无须抵押和担保人，以五人小组联保代替担保，相互监督，形成内部约束机制；按照一定比例的贷款额收取小组基金和强制储蓄作为风险基金；执行小组会议和中心会议制度，检查项目落实和资金使用情况，办理放、还、存款手续，同时交流致富信息，传播科技知识，提高贷款人的经营和发展能力。

我国正在结合国情不断探索关于尤努斯的格莱珉银行模式，当前公益信贷主要是政策性扶贫贴息贷款，以及服务中小微企业和个人的村镇银行等小微金融机构和金融机构专职农村金融部门的扶贫金融。自 1986 年发放扶贫贴息贷款以来，截至 2013 年末，全国累计发放扶贫贴息贷款 4103 亿元；截至 2014 年 6 月末，832 个贫困县扶贫贴息贷款余额 143.6 亿元，同比增长 12.9%。近年来，农业银行、民生银行、招商银行等专门成立了农村金融事业部，一些商业银行也单独出资或者合股成立了村镇银行。

此外 P2P 网络小额信贷开始出现并应用于扶贫等公益事业。如“宜农贷”，即为 P2P 网络小额信贷平台，于 2009 年正式上线，通过和贫困地区的公益性小贷机构合作，平台通过互联网将需要借款农户的照片、借款用途及信用状况等资料上传至宜农贷网站。在平台另一端，有爱心、有富余资金的出借人，会直接选择希望帮扶的农户进行出借。这一公益创新为中国的小额信贷扶贫开辟了另一个全新的“宜农贷”模式。宜农贷的一个特点是只借钱给贫困妇女。从国际经验看，妇女有更好的信用意识，而且妇女借款改善生活后，会将收入主要投入于家庭生活改善和子女教育等。因此，平台给予她们借款的帮扶意义更大。再如，互联网创业贷则以“互联网+金融”的模式为创业大学生提供贷款，完全实现申请、受理、审批等流程的线上智能化。相较于之前的政策性贷款，该产品受惠群体由大学生扩展到毕业五年内各类高校毕业生、出国（境）留学回国人员，大大降低了贷款的准入门槛，提升了金融支持创业的力度。更重要的是，“创贷保”突破抵押、担保等常规方式，由专业机构为大学生提供服务，也切实解决了大学生贷款的担保困局。

社会效益债券，公益 PPP 模式的探索

近年来，英、美等国出现了一项金融创新产品——社会效益债券，它颠覆了传统的公私合作概念，构建了政府、社会资本和社会组织的三角合作框架，并已取得了初步成果。

2010 年 9 月，社会金融组织——一家专门为社会公益组织募集运营资金的非盈利机构，作为英国司法部的代理方，发行了世界上首只社会效益债券，债券金额共计 500 万英镑，期限为 8 年。这支社会效益债券的募集资金专用于英国剑桥郡 Peterborough 地区监狱的囚犯的教育项目，旨在减少轻刑犯的监狱重返率。在当地，一部分没有固定住所和工作的社会弱势人群因为生活拮据，时常进行偷窃和抢劫等轻微犯罪行为。但由于缺乏有效的帮助，他们在接受刑罚并重返社会后，仍然依靠犯罪来维持生计。社会金融组织与多家运营成熟、在成人教育等方面经验丰富的社会公益组织如 YMCA 和 the St Giles Trust，签订了服务购买合同，该社会效益债券的募集资金将用于这几家社会服务组织协作进行为期 6 年的教育项目，为 3000 名轻刑犯在狱中和出狱后提供重返社会正途的帮助。共有 17 家投资机构参与债券认购，其中多数是世界著名的慈善公益基金，如 Rockefeller Foundation、Esmee Fairbairn Foundation 等。英国司法部将在专业评估机构确认当地的重复犯罪率（轻刑犯释放后一年内犯罪率）较周边地区至少下降 7. 5%的前提条件下向投资者支付

债券本息。募集资金将按照项目进度，从项目开始的第 1 年到第 6 年逐步投入，评估工作和本息偿还将分别在债券存续的第 4 年末、第 6 年末和第 8 年末进行，该社会效益债券的总体回报率预期在 2. 5%到 13%之间。

绿色债券是近年来绿色金融领域大力发展的融资工具。新能源开发和节能减排等低碳项目初期投入大、短期回报不明显及技术风险大的特征使得目前市场的投资动力和融资激励不强，目前其投融资更多地是靠行政手段，而“绿色债券”的创新使得用市场手段解决市场问题成为了可能。从 2013 年开始，全球绿色债券发行规模出现了爆发式的增长。2013 年全球绿色债券发行量为 110. 42 亿美元，2014 年达到 365. 93 亿美元，两年间绿色债券发行量之和占据了自 2007 年以来绿色债券累计发行量的 80%。

“绿色债券”主要是为支持低碳项目或方案筹集更多的资金。开发性金融机构统一发债，由专门的机构或账户管理所募集的资金，并以专项贷款的形式分散到各个支持项目使用。如欧洲投资银行在欧洲发行的“关注气候债券”，用于资助高达 75%的欧洲可再生能源项目，促进了可再生能源和能源效率相关项目的投资，提供的项目资金贷款通常可高达项目总费用的 50%，个别可再生能源项目融资欧洲投资银行的最大份额甚至可以达到 75%（新兴可再生能源技术和节能 20%以上的能源效率项目）。

“绿色债券”还具有信用等级高的特点。由于有欧洲投资银行、世界银行的 3A 级信用作保障，目前发行的“关注气候债券”“地球未来”“绿色债券”等均为国际顶级信用债券。标准普尔、穆迪及惠誉 3 家全球最主要的信用评级机构给“关注气候债券”“地球未来”“绿色债券”等债券的信用评级均为最高的 AA、AAA、AAA 级别。虽然这并不意味着投资资金具有绝对的安全性，但如此高信用的债券，其违约概率基本可以忽略。

社会投资基金，催化“善”力量革命性变革

投资基金（Investment Funds）是一种利益共享、风险共担的集合投资制度。投资基金集中投资者的资金，由基金托管人委托职业经理人员管理，专门从事投资活动。投资基金这种利益共享、风险共担的特点，非常适合公益金融。徐永光指出，社会企业与社会投资的四大模式，其中一种就是“公益基金+私人资本”的多元投资模式。

欧美国家的社会投资资金主要来自基金会、私人投资和政府的补贴。美国家族基金会的资金投向以往只有资助和投资两个方向，现在已经发展为资助、贷款、社会企业投资和一般投资四个方向。斯坦福大学基金会已决定把影响力投资作为250亿美元资产投资的重要选择。前英国首相卡梅伦推动银行用“僵尸”账户资产6亿英镑设立的“大社会资本”，成了英国投资社会企业的重要撬动杠杆。

影响力投资的概念及起源

影响力投资，是Impact Investment（或Impact Investing）的直译，也有人将之翻译为效应投资或社会效应投资。因为理念太新，至今尚无公认统一的定义。“影响力投资”就是义利并举、公益与商业相融合的投资方式，在追求一定的财务回报外，在社会和环境影

响力方面也有量化的回报指标。影响力投资通常也被称为社会投资和可持续投资，但它又和社会责任投资不完全相同。社会责任投资比较注重对负面事件的预防，而影响力投资指的是能够积极地把资产投入基金以获得更好的社会影响。

案例 1：

影响力投资源于 19 世纪 40 年代英国“社会企业”的兴起。在 19 世纪 40 年代，原本羊毛纺织业繁荣的罗奇代尔变成了“饥饿之城”。工业革命之后，家庭中的手工织机被工厂里的机器织机代替，大批居民入厂成为工人，与此同时，大量外来劳动力涌入。工人们的工资比 20 年前降低了一半，妇女则更低，仅够糊口；但是，食物价格却居高不下。雪上加霜的是，许多商店老板不但缺斤少两，还向牛奶里加水、往面粉里混灰、在燕麦片里掺沙。工人们在生存中挣扎，他们既无权加入行业协会，也无权参加竞选投票，几乎全然失去了改善生活和工作条件的机会，大都一家子人挤在贫民窟的一间小房子甚至地下室里，通风、照明、供水情况都极为糟糕。

彼时，合作社运动已在欧洲其他国家兴起。困苦之中，罗奇代尔 28 名不甘待毙的工人决定联合起来成立属于自己的合作社，以提升经济条件和社会地位。于是，他们每人出资一英镑，成立了“罗奇代尔公平先锋合作社”——这是全英国第一家合作社。

“罗奇代尔公平先锋合作社”自创立之日就设定了明确的目标，并将之写入了合作社章程（The 1844 Rule Book of the Rochdale Society）的第一章。其中，目标的第一项就是开设一家商店，专门为社员提供质量有保证、价格公道的食品。

案例 2：

亚洲最顶尖的投资银行 AXA 则耗时 18 个月，以基金的基金、全球配置模式已成功完成从策略募集投资 2 亿欧元的影响力 1 号基金转向，专注于教育、卫生健康和金融。随后其做的 30 亿欧元的“影响力投资+绿色债券”，专注于天然资本保护包括能源、水和气候变迁等，都非常值得目前中国社会影响力投资的借鉴和学习。

西方国家影响力投资发展的原因

20 世纪 70 年代欧洲经济衰退，失业率居高不下，政府力量有限，公共部门与非盈利部门合作，创办了社会企业，进行社会影响力投资，提高社会福利、创造就业机会等。

西方国家影响力投资的主要模式

影响力投资对象有很多，例如现金资产、债券、股权和基金等。参考《社会影响力投资在中国》报告，把西方影响力投资模式分为影响力股权投资模式（股权投资基金模式、母基金模式等）、影响力债券投资模式（债券投资、社会效益投资等）和其他模式。

影响力投资在当今西方国家中的作用和地位

直到 20 世纪 90 年代中后期，社会企业才真正迎来了春天，并且逐渐扎下根来。1997 年 5 月 2 日，时年 43 岁的工党领袖托尼·布莱尔（Tony Blair）入主唐宁街十号，正式出任英国首相。在他的第一次施政演说中，他就大力肯定了社会企业对于拉动经济、解决社会问题有望发挥的作用。

随后，布莱尔政府及往后几届英国政府相继出台了一系列有利于社会企业的优惠政策，并设立部级机构用以监管社会企业（如今由英国内阁办公室下设的公民社会办公室负责）。自此，社会企业成为英国政府促进经济发展，解决社会顽疾，建立公正、包容、可持续性社会的有力协助，并且朝着规范化、体系化的方向一路前行。

在此之后，英国政府又持续地出台了一系列支持政策，为社会企业在开拓市场、吸引投资、建立公共认知等各个环节都创造了更加利好的环境。

如今，社会企业在英国乃至全球方兴未艾，当年在蛤蟆街三十一号开张的“罗奇代尔公平先锋合作社”商店被奉为鼻祖。今日的英国，社会企业俯拾皆是，卖咖啡、卖时装、卖电信套餐，提供个人贷款、职业培训、儿童赡养，提供的商品和服务几乎覆盖到了每一个领域，多得令人眼花缭乱。据最近一项调查显示，英国目前有超过七万家社会企业，雇员多达百万人，且它们的精力高度集中在英国最贫困的社区，已为英国经济贡献了超过200亿英镑。

如果将慈善捐助中的捐助行为看作广义投资行为的话，其本质就是这种投资行为不追求任何财务上的回报，而是完全追求投资所产生的社会正效应，并且这种正效应往往体现在明确特定的投资指向上，因此财务回报上的风险在投资决策中不予以考虑。而不论侧重于哪个方向的影响力投资，都需从财务回报角度上予以考虑，即存在可以预期的财务收益，这一点是公益金融与慈善捐助的本质区别。

通过公益金融投资所获得的收益，可以反复再投资；然而，慈善捐助需要不断地输血，这也是两者在社会影响力的扩展性、效率上的不同。所以更多有策略、远见、关注结果和效率的慈善家、基金会也开始采用公益金融投资的思想，抛弃了传统的单一捐助模式。

与传统投资相比，社会影响力投资不仅是以一定的财务回报为目的，同时也会考虑投资所产生的社会影响，即投资者除了获得收益，也在一定程度上参与了慈善事业，对特定社会问题的缓解供献了自己的力量。影响力投资所带有的双重投资目的是其与慈善捐助和传统投资的本质区别，也是其特色和差异优势。社会影响力投资过程中衡量其收益不仅仅有传统财务上的投资回报率，还应包含该投资所带来的可测量的社会正效应，即社会影响力。

从表面上看，公益金融的投资回报相对于其他投资较少，但是考虑社会效益之后，长期来看，公益金融的社会投资回报是大于其他投资的。公益金融发展的挑战之一是如何阐释一项投资的社会收益。现在有很多工具能帮助企业阐释一个投资项目在财务方面的回报，却没有类似的工具来阐释投资的社会收益。很多时候，很多公益金融的客户与投资者，往往无法证明从长远来说注重社会影响力与社会责任是更好的投资方式。

哈佛大学社会责任投资促进项目创始总监 Steve Lydenberg 认为，社会责任投资的本质在于，兼顾经济与社会的双重效益，将传统的股东利益至上的分析模型拓展到包括股东、顾客、员工、社会、环境等在内的利益相关者模型。

以“普惠 1 号”为例，它是面向公益性小额贷款组织以批发贷款的方式提供资金援助的公益性、可持续的自主批发基金，以“公益投资、安全投资”的标准为公益性小额信贷组织提供资金支持，并最大限度规避投资风险，使投资者获得相应的回报。尽管批发基金仍处于早期发展和推广阶段，但是从其结构创新和延续性来看，具有一定的启示意义。

养老金融，西方成熟的公益模式

养老金融是指围绕社会成员的各种养老需求所进行的金融活动的总和，其包括三个方面：一是养老金金融，指为储备养老资产进行的一系列金融活动，包括养老金的制度安排和养老金资产管理；二是养老服务金融，指为满足老年人的消费需求所进行的金融服务活动；三是养老产业金融，指为养老相关产业提供投融资支持的金融活动。养老金金融的对象是养老资金，目标是通过制度安排积累养老资产，同时实现保值增值；养老服务金融的对象是老年人，目标是满足其年老后的金融消费需求；养老产业金融的对象是养老产业，目标是满足养老产业的各种投融资需求。

号称“养老天堂”的西方发达国家，现在正面临尴尬：要么晚点退休，要么多交点钱，欧洲老人越来越“老不起”。事实上，养老金制度改革一直存在于许多西方国家政府的日程表上。面对人口老龄化趋势和国家债务危机的现实，许多高福利国家不得不痛下狠手，加速养老金结构调整。事实上养老金制度只是养老金融的一部分。

案例：

美国于 20 世纪 80 年代初实施了 401k 计划。401k 计划也称 401k 条款，是一种由雇员、雇主共同缴费所建立起来的完全基金式的养老保险制度，是指美国 1978 年《国内税收法》新增的第 401

条 k 项条款的规定，此规定于 1979 年得到法律认可，于 1981 年又追加了实施规则，并在 20 世纪 90 年代迅速发展，逐渐取代了传统的社会保障体系，成为美国诸多雇主首选的社会保障计划。此规定适用于私人盈利性公司。

互助金融，走出危机的助推器

互助金融，也被称为资本互助，其本质是合作金融，对民间的资金融通时，采用互助形式，没有融资成本，可达到互惠互利的目的。互助金融的核心是化解风险，而不是管理风险或是转移风险。中小微企业通过互助金融平台获得发展所需的资金，还款压力小。一方面由于还款压力小，无需担心，企业可安心地把企业做好；另一方面企业还款压力小，发展好，反过来也意味着投资人的资金比较安全，投资风险低。所以说，互助金融是一种让投资人没有风险，让融资人没有还款压力的生态金融。只要企业是真正健康做实业，加入互助金融平台后，从此不再为资金发愁、让资本不成问题。

案例：

2008 年的美国次贷危机爆发，使美国金融业遭遇了空前动荡。五大投行全军覆没，相关经济数据持续恶化，美国的经济陷入前景悲观的境况。正如当时艾伦·格林斯潘说的那样：“美国正陷入百年一遇的金融危机中。”金融业大萧条，伴随而来的是多行业的多米诺骨牌效应。整个美国，许多实体企业大规模裁员、破产；大量民众失去工作，收入来源被切断。面对国内物价普遍上涨，原有消费人群在失去工作的同时，还要花费更大的代价来购买高价商品，他们只能收紧腰包，尽可能地减少开支。危机导致民间资本流动大幅减缓，使原本严重的问题雪上加霜。

在金融危机面前，美国被迫放弃了一贯的“新自由主义”基本原则，背离了“华盛顿共识”的基本宗旨，开始运用财政政策、货币政策等手段针对金融业实行大规模的政府干预。美国国家经济研究局研究员安德鲁·施莱弗针对民间资本的滞动，提出了资本互助方案，以刺激民间资本的流通。该方案最终由著名金融集团“第一资本”在全美推广。

2008—2010 年，资本互助的普及给当时一度陷入停滞的美国民间资本带来了非常明显的刺激成效。近三成的美国人参与了这次针对民间资本刺激流通的互助模式，其中大部分参与者获得了理想的收益，渡过了人生中的经济“艰难时期”。在参与过程中，参与者拿出 15 美金去资助他人，凭借“资助证明”参与互助。每一位参与者都有权获得他人的资助。如果自己接受的资助比较多，部分资助者还会再拿出一部分作为回馈继续资助他人，依次良性循环。期间，该计划给美国国内民间资本带来的资金流量已达到百亿（美元），越来越多的美国人加入到互助的行列。无损耗的资本流动，在无形之间给许多参与者带来了丰厚的收益，有效平衡了美国民间资本的两极分化。有学者认为，该模式的出现至少使美国提前三年结束经济危机。

公益金融未来，公益与金融深度融合

公益业态的发展，不是一个机构能够构建的，它需要公益行业内部、机构与机构之间相互守望，并且联合政府、企业、学界、媒体等共同建立起一个良性的生态系统和产业链。伴随着公益生态系统演变和金融科技的发展，未来公益金融工具将呈现以下趋势：

更具标准化、多样化。公益金融工具的设计开发尚处于初级阶段，尚未形成标准化以及多样化格局。未来的思路是依据一定的国家标准，针对不同行业、不同需求，开发出更多样的公益金融工具。

更加注重公益项目的匹配性。一般金融工具只注重收益和风险，而公益金融工具更加注重公益项目的匹配性。依据不同公益项目的特点，开发出适合该公益项目的金融工具，是未来的主要趋势之一。

信息披露更加完善。公益金融发展的挑战之一是数据和信息披露。目前尚存在信息披露的内容不完整、披露周期较长、披露渠道相对单一、披露的信息有用性不高等问题。未来的公益金融工具信息披露需要更加完善。

投资回报更有吸引力。表面上看，公益金融的投资回报相对于其他投资较少，但是考虑社会效益之后，长期来看，公益金融的社会投资回报是大于其他投资的，因此公益金融工具的投资回报更有吸引力。

风险管控机制更加健全。互联网金融的发展，其内生的技术就有很好的风险分担和控制机制。互联网的贷款服务，其信用开发和挖掘所依据的大数据，也是通过互联网传统交易所累积的原始信用所扩展的。所以，其内在具有信用累积和挖掘机制，并通过大数据的分析、在原始信用的基础上通过互联网对接，能够形成一个扩展的互联网金融信用网络。未来借助大数据分析，可以使得公益金融工具的风险管控机制更加健全。

更加便于全民参与。聚集微小的力量、实现全民参与的公益时代到来是大势所趋，变革传统的公益融资方式，降低了公益的参与门槛，提高了公众的参与性，使“人人参与公益”的理念得以实践，让更多可信的公益项目获得足够的资金支持、为更多公益机构发展提供无限的可能。

Public Welfare、Finance and Goodness Economy

·第五章· 善金融与善经济

善经济——经济发展的新时代？

正如我们在第一章给大家介绍的一样，善经济的外延广泛，远远超出了慈善的范畴。善经济不仅仅能自我升华、实现利他，还能够使中国社会甚至于整个人类社会的价值达到最大化、实现利己与利他的完美结合。善经济不仅是一种对标碳经济并与之相反的、不以碳排放为主导经济的新型发展理念，更是一种基于中国传统“善”文化、宣扬公益和利己利他的精神文明社会的理念。《华严经》上说：“犹如莲花不著水，亦如日月不住空”，“无住”就像日月在天空中的样子，无住就是无为，无为就是无住。不要住到贪心上，不要住到嗔心上，不要住到痴心上，不要住到疑心上，不要住到慢心上，不要住到无明上，不要住到烦恼上。

如果你认为，我就是要贪、就是要有所住，那么你有华尔街就有人要占领华尔街，你有“多藏”就必有“厚亡”，正所谓：“万里长城今犹在，不见当年秦始皇”。“无为”是天性，就像“天生万物以养人”。

目前，中国正进入“善经济”发展的新时代，“善经济”将发挥企业社会责任在社会建设中的作用，以社会价值来引领经济价值、并彰显社会价值。21 世纪是“碳经济”时代向“善经济”时代转变的拐点。以前，社会以高投入、高能耗发展为主导，同时伴随着不可持续增长的高消费模式。当环境、资源甚至精神文明建设遭遇到挑战时，人类正渐渐从“利己”转为“利他”，从个人利益最大化转向全社会价值最大化，与此相契合的“善经济”模式也将会逐渐取代落后的“碳经济”模式。“善经济”将引领人类社会的可持续发展！

碳经济可以走多远?

消费拉动的经济模式还能持续多久?

有人说一个标准的美国人花起钱来大手大脚的，买三层楼的大房子，住了一年不想还房贷了，卖了房又买了一辆好几万美元的好车，又过了一年手头紧，卖了好车换一辆破车开。虽然这个说法夸张了点，但美国人是出了名的不存钱却拼命消费。从 1980 年开始的统计显示，美国的平均储蓄率就没有超过 20%，而中国等亚洲国家却经常处于 50%左右。由此可见，美国人的消费习惯是根深蒂固、习以为常、很难改变的。那么即使美国人这样消费，为什么大家还是觉得他们钱花得不够多、买得不够多? 这个是有原因的。因为资本主义就是既生产人们需要的东西，也生产人们想要的东西，他们鼓励消费，拉动内需，所以大多数发达国家都面临着储蓄不足的情况，而根据亚当·斯密强调的是来自储蓄的资本积累，很多东亚国家都在认真地执行亚当·斯密的这一原则，利用储蓄的复利战略来摆脱贫困。所以说目前整个世界都必须依靠美国等发达国家的高消费模式来发展本国经济，然后出口以满足美国等国家的消费需求，希望美国人购买更多的东西来拉动本国经济增长。但是这样一来，以生产为主的国家，比如中国的环境污染和能源危机就大大加重了，而且万一美国人不消费了、或者消费减少，都会对中国的产业造成极大的负面影响。金融危机后的制造业倒闭潮就是典型的例子。

按照这种以物质消耗为主导的发展模式，当我国达到美国的经济水平以及人均消费水平时，环境、资源都将无法支撑。而且人对物质的欲望总有穷尽的时候，就像我们经常谈及的一个小故事一样，你饿的时候吃的第一个面包给你带来的满足感是最大的，而后吃下去的面包所带来的满足感用效用函数来表示是递减的，当吃到第 n 个的时候，已经开始出现负的效用了。为何？因为你已经吃撑了。所以现代人的物质满足感很强，但是精神文明的满足度却不能与之匹配，大家都吃得很饱，精神上却是饥饿的。因此我们要改变这种价值观念，从物质满足转为精神满足，实现外部承受作为人的一种满足的经济；实行节能减排，实现低碳发展，构建生态文明社会，已经成为一种不可逆转的趋势。

人的欲望可以是无限扩大的。如果单纯追求 GDP 指标的增长，那么 GDP 产出的资源消耗和环境破坏的边际成本将远远大于控制碳排放所带来的好处。制定合理的刚性制度、控制排放量指标、完善碳交易市场，将有助于我国把高排放的产业逐步转向环保节能的绿色产业。这些年在国外兴起的产业升级换代浪潮已经告诉我们，下一代社会和经济发展模式，已无法再遵循高投入、高能耗、高排放的“碳经济”方式，如果我国不能转变过去那种“损人利己”、甚至“损人又不利己”的发展思路，继续以消耗环境、资源为代价的产业为发展主体，那么我国必然会沦落为世界二流的国家。太阳能、电动车、超导材料、机器人等众多新能源新科技将成为未来国家竞争力的主导方向。若不想落后于人，必须趁现在发达国家还未完成布局之时大力发展绿色产业，属于发达国家强项的传统产业我们可能很难追赶上，即使追赶上，人家可能又走到了更高的层次。因此我们要进行源头创新，不能跟着发达国家走，要在新一轮的产业升级上超越他们。

善经济的特征

世界已经到了一个非常不一样的转折点，是人类文明的转折点，这个转折点是 21 世纪的一个主题。这个时代，我们称之为“善经济”时代。

“善经济”有三个比较明显的特征：

第一，全球的人均 GDP 开始超过一万美元。根据世界银行的标准，一个国家的人均 GDP 超过一万美元就开始进入到发达国家的行列。如果全球的人均 GDP 都超过一万美元，那么总体来说，地球就是一个发达的地球了。当然发展是不平衡的，大家会说还有很多贫穷的地方，但判断需要有一个共同的数字、共同的标准，那就是人均 GDP，它是现代人类文明判断一个地方发达与否的最重要的指标。

第二，第三产业的占比开始超过 50%。现在的发达国家第三产业往往超过 80%。第一产业——农业，其贡献的 GDP 比例越来越小，低至 10%。第二产业生产的各种硬件比例很大，现在也压缩了，已压缩到 40%以下，甚至压缩到 20%左右。那人类在干什么？人类在做社会服务。这个产值由社会服务开始主导。发达国家的第三产业现在已经是 80%，所以，“善经济”我称之为是社会服务业占主导地位的经济。将来人类文明的形态是靠服务过日子，而不是靠简单的生产和简单的制造。

第三，社会价值逐步引领经济价值，公益慈善事业开始产生广泛的社会影响。大家知道过去发展经济的时候，30 年前、20 年前，甚至 10 多年前，我们谈的一句话是，“没有钱什么事也办不了。”现在我们除了少数人还这样想之外，大部分人谈的是什么？大部分人谈的是，我们的心怎么会乱，社会怎么出现了问题，有了钱好像比没有钱还难办事。

为什么这么说？大家可以看数据。据世界银行统计，2001 年的时候全世界的国内生产总值是 32 万亿美元，那个时候人均 GDP 只有 5000 美元。但是到了 2011 年，整个世界的 GDP 达到 70 万亿，人均 GDP 达到 10000 美元。所以从 2011 年开始整个人类不得不承认已经进入到一万美元的时代。这个时代其实对中国影响很大，因为中国做出了重要的贡献，我们生产的粮食已经超过六亿吨，而全球只有二十三亿吨，差不多 1/4 是中国人生产的。钢铁的产能是 10 亿吨，大家觉得太多。笑话说全世界的钢产量中国排第一，河北排第二，唐山排第三。我们现在的 GDP 中很多产量占同行业往往是 60%、70%的比重，中国的贡献是有目共睹的。

我们的人均 GDP 现在也到了 7500 美元，很快要达到 10000 美元。不仅如此，我们再看一下福建厦门的人均 GDP 在去年破 63000。北京一直到广东有六亿多的人口，全国差不多一半以上的人口生活在人均 GDP 达到一万美元的地方。大家知道这是中国经济区域发展布局、发展结构一个历史性的变化，是几千年文明史上从没有过的，而现在达到了。过去打招呼都是问“吃了没有”，谈论的是“有和没有”“多和少”，但是现在是要“追求好”和“更好”。

这就是到了“向善”的时候。心灵建设开始成为向善的一种目标。举个例子，为什么好的手机能赚钱？是因为更方便更实用了，体验感更高了。然而，我们发现安心并没有那么简单，原来有各种理念、心情、法事。这个时代来了，心不是那么容易安的，因此大家要做善事、要进行各种各样的心灵建设。

善经济时代，我们该如何做产业？

一说到经济热词，大家肯定会想到这几个："新常态""供给侧改革""中国制造 2025"……但是有一些"热词"已经喊了好多年，年年都有，却年年都是热门，比如"去产能""市场化""促进消费，拉动增长"等等。尤其是"去产能"，去了好些年了，都没有"去掉"。为何会这样？就是因为美国人的消费能力在金融危机后衰退了，制造出来的东西出口卖不完，就只好出口转内销，但是国内消费能力又不强，结果一边存货堆积、产能过剩，另一边又出现沿海地区大量制造业企业的倒闭潮。

大家可能感受不明显，为什么美国人的消费水平能够有那么大的影响。这个跟美国的消费观念密不可分。美国人的消费能力强是源于他们"消费未来"的消费理念，过度透支和过度享受是常态。可能有人觉得"过度"两字有点言重了，但从金融危机爆发的原因来看，一点都不为过。可是美国人也不能无止境地增加消费，他们负债消费也是要还钱的，所以一旦美国的消费水平下降，就必然影响中国的制造业出口。而且过剩的产能是来自于高投入、高能耗的中低端产业，我国为此付出了沉重的社会与环境代价。要改变传统的"碳经济"，就必须要转变以追求物质满足、消费满足为主导的产业结构，中国社会的成就与幸福感绝不仅仅来自于物质层面，精神层面的作用也很大，甚至能够带动物质层面的发展。

另外，我们的部分产业经常不考虑社会影响和社会价值最大化，只看到眼前的利益，有钱赚就做，不管后果。看上去是这个行业或者具体的一些公司赚钱了，但那只是“零和游戏”，并没有增加整个社会的福利，利己而没有利他。特别是市场化环境下，竞争激烈，为了存活，以“恶”为竞争力的竞争，选择消灭对方保留自己，尔虞我诈、勾心斗角的大戏天天上演。人与人之间缺失了信任和信用，大家都有很强的防备心理。这样一来，我们也就可以理解为何参与公益慈善的人那么少了。

我们该怎么办呢？首先，企业要考虑社会价值和社会影响，负担起企业的社会责任，发展环保产业、淘汰落后产能，如可以发展生态农业、生态工业、生态旅游、环保产业、绿色服务业等。

其次，以人为本，坚持以用户体验为基础的出发点。特别是“善经济”时代，未来都必须要探究人本身的需求。比如，你可以想象，在未来的某一天，将自己喜欢的外壳、颜色、图案与蓄电量等订制化信息输入网络组装生产流程卡；在组装工单送达工厂后，生产人员扫描该流程卡，一步一步完成后续的智能生产旅程；最终，世界上独一无二的行动电源，贴上了产品的最终条形码，上面记载着完整的生产履历，系统再次确认与你的订制需求无误后会送到你的手中。第三产业的发展非常广阔。通过研究发现，发达国家服务业的比例占分部产业结构的70%~80%。在第三产业中，金融业无疑是最重要的一个行业，通过金融业的资金运作能力，对三次产业的升级换代有非常大的推动作用。养老、医疗、教育、文化以及旅游等也成为了很多地方的主导产业，并且结构越来越优化。再有就是创意产业，一些艺术家跑到798，原来只是点缀的、个别艺术家的行为，现在居然也成为了一个大的产业。如今业态变了，大量企业为人服务，天天研究如何更好地服务老人、服务儿童等等。在日本，一个拐杖就有上万种发明，大量辅助机器人、老年人的汽车等各种各样的装备、设备用以满足老年人的需求。第二产业于是也变了，接着又影响到第一产业，于是开始有了有机农业，虽然很贵、但很受欢迎。同时，共享经济将成为第三产业内的一股重要力量，其本质是整合线下的闲散物品、劳动力、教育医疗资源，以不同的方式付出和受益、共同获得经济红利。2013 年 3 月 9 日，《经济学人》杂志在其封面文章第一次详细描述了“共享经济”的场景后，共享经济的模式便深深影响着人们的观念和生活。

比如在住宿、交通，教育服务以及生活服务及旅游领域，优秀的共享经济公司不断涌现：从宠物寄养共享、车位共享到专家共享、社区服务共享及导游共享。新模式层出不穷，在供给端整合线下资源、在需求端不断为用户提供更优质体验。

共享出行的代表 UBER、滴滴打车；面向全球的在线工作平台 AAwork；共享资金价值代表 Prosper 等。

最后，提倡公平和可持续发展，以人和社会的福祉为主导的社会企业将在我国日益兴盛起来。社会企业不是纯粹的企业，亦不是一般的社会服务，社会企业能透过商业运作，赚取利润用以贡献社会。它们所得的盈余用于扶助弱势社群、促进小区发展及社会企业本身的投资。它们重视社会价值，多于追求最大的企业盈利。其中一个案例就是公平贸易咖啡，其主要是用公正的价格直接和当地的咖啡农进行交易，采用透明的管理模式和商业形式，以保证生产者的劳动环境、保护当地环境。同时提供相应的生产技术和培训，建立桥梁、学校、医院等设施，为的是可持续性发展和减缓生产地区的贫穷。2011年，香港人甄明慧便在苏州成立了中国第一家只分销公平贸易产品的社会企业，落实了她在中国致力推动良知消费的计划。之所以倡导公平贸易产品，是为了让消费者在采购商品的同时，还要尽可能确保生产者不被大肆剥削！还有一个非常成功的例子就是世界上最大、最成功的慈善组织——慈济慈善事业基金会，它利用成熟的商业运作和管理手段，以开心做慈善的理念来发展，规模非常壮大，参与者众多。慈济很早就懂得利用产业来可持续地做善事。当时慈济只有6个人，每人每天生产1双婴儿鞋，每双可盈利4元钱，一个月能赚720元，这笔钱便成为了最早的善款。

在善经济时代，社会价值开始引领经济价值。企业没有社会价值会被人瞧不起。可能前些年还有人说，制造就业就是尽到了企业的社会责任，现在呢？不仅仅是就业，还得满足多种社会需求，包括对员工要好，产品质量要好……很多富豪也开始思考，我要这么多钱干什么呢？年轻人中，过去流行的是开好车，现在要看志愿服务了，报考国外的大学，都得看志愿服务时间多久、拿了多少分，甚至深圳的一些高校将志愿服务纳入到学生毕业的考核当中。你看，这个社会逻辑开始发生变化了，原来是对等的，你付钱，我干活；现在是你不付钱，我还排着队申请做志愿服务。这时候整个社会价值就开始显现出来了，大家都有意识地去做慈善，有意识地参与社会活动，公共伦理的空间开始放大了。

综合这些来看，人类文明的发展从来没有到过善经济时代这样一个阶段。在这个阶段，生产力水平超过了人类的基本需求，已经开始开发和满足潜在的、更好的需求。而且，它开发人类的善，大量以解决社会问题为使命的社会组织会对整个经济产生很大的影响，成为新的一种生产力。

在善经济时代，企业要发展、要基业长青，在经济价值和社会价值的交汇点上，一定要转变和调整理念。一夜暴富在这个时代会越来越少，企业必须要注意开发社会价值，不仅要尊重员工，还要和员工一起做慈善、做公益，尽社会责任。

在善经济时代，社会价值越来越往前发展了。如果说原来资本精神还表现为资本的冲动、拼命地赚钱，那么到了善经济时代，奉献和赚钱的过程融为一体了，想赚钱得先考虑社会价值。

善经济时代的价值观

慈善事业是继工资、社会福利和保障之后的“第三次社会大分配”。有学者指出，中国的中产阶级占比将会达到80%，而《全球发展趋势2030——相互联系的多中心世界中的公民》研究报告更是给出了具体的时间，认为到2030年，80%至85%的中国人将成为中产阶级。且不论这些数值是否准确，至少他们对中产阶级在稳定社会结构、消除贫富差距与广泛开展公益慈善当中的重要作用有了更清楚的认识。

既然中产阶级那么重要，我们是不是就要用现在流行的一些经济指标来区分谁是中产谁不是呢？而且每次有统计数据说多少收入水平就是中产阶级了，大家都不以为然，大喊自己“被中产”了，或者认为自己拖了后腿。我们这里去谈中产阶级最准确的判定标准是没有意义的，我们关心的中产阶级的数量或许也不重要，因为这些都是量化的指标，还是逃不出唯GDP论的范畴。

事实上早在春秋战国时期，孟子就告诉我们，人的财富最主要看两点：“有恒产、有恒心”。其中“有恒心”更为重要，相当于人的精神文明，比如信仰、文化，特别重要的是有安定的心态和稳定的观念、有满足感和幸福感。这样才能够促使中国经济稳定发展，促使社会问题趋于缓解。“有恒产”很好理解，就是要有较好的物质基础。改革开放以来，解决温饱已不是第一要务，发展经济成为主旋律。但是经济发展到了现在，大家开始出现不安定、忧虑的心态，比如人与人之间的不信任、担心生活保障或者医疗健康等等，这些都是伴随着物质文明的发展而产生的心理现象。原本收入较高、具备一定社会地位的社会阶层，应当在慈善公益、维护道德、扶助弱势群体、维护社会稳定等方面贡献重要力量。但在我国，不少人对捐款的行为并不感兴趣：一方面，国内一些慈善机构的透明度受到质疑，并且受到舆论影响，他们担心善款落不到实处；另一方面，不少人更关心的是自身事业的发展，对慈善缺乏热情、对社会有一种冷漠感，把捐款看作一种烦恼和焦虑。

之所以会出现上述情况，是因为物质满足已经不能成为人们更高层次的追求，根据马斯洛需求层次理论，人的物质需求得到满足后，就会追求精神上的满足。比如阿里巴巴创始人马云，在拥有巨大财富后，热衷于公益，他认为做公益、做慈善是人生一辈子中最大的福报。正如马云现在做的公益事业一样，他分享自己的商业手法，对社会困难或弱势群体的帮助不是偶尔的行为，而是教会他们如何去发展。同时分享自己公益的理念和情怀，唤醒大家心中的“善”，让更多社会群体参与到其中，一起来分享做公益的快乐。他在公益大会上说：人的心态的好坏会影响人姿态的好坏，而姿态的好坏又会影响这个社会的生态。这一点说得很好，我们可以看到，其实“善经济”的社会结构源自于“善经济”的价值体系、产业结构，而价值理念和产业结构又是依照人的心态来走的。以向善的、安定的心态做好的事业的人，不会做污染环境或危害社会的事情。这一点相比增加中产阶级的数量或者增加对弱势群体的帮助而言更为重要！

所以“善经济”时代我们需要了解社会不同群体的内心状态，强调价值观念的转变：要将祥和、安定的心理理念分享给所有人，通过共享经济、公益慈善倡导分享的理念，让受助者得到帮助而减轻压力和不安，也让帮助者感到快乐，以获得精神层面的满足。在这个方面，慈济基金会做得非常好，不仅仅布施给有困难的人，更重要的是做可持续的公益慈善、教会别人解决问题的办法。同时，他们发展义工这一群体，以利他的理念结合开心做慈善的心态，分享自己的感想、感情去帮助人，以德和善来感化人，而不只是给予物资。因此善经济时代的社会群体应该是互助的形式加上安定共享的心态，最后才能推动社会的共同繁荣。

善经济的社会结构如何？

我们正进入善经济时代，这个时代的社会价值日益对经济价值产生根本性的影响，具有高社会价值的经济实体将逐步占据重要地位。在这个时代，财富的社会价值将日益彰显，财富向善正在成为时代的主题之一。

亚当·斯密在《道德情操论》中探讨了人类道德，认为所有人类的道德情操起源于同情心。不管任何人，看到同类人受到折磨的时候、受到各种苦难的时候，心里会出现一种怜悯和同情。亚当·斯密由此讨论了善恶、美丑、正义、责任等一系列概念，这是西方人基本的理念。到了康德，开始讨论真善美，他的三本书，《纯粹理性批判》讨论真，《实践理性批判》讨论善，《判断力批判》讨论美。如果没有文艺复兴就没有工业革命，要想创新，没有美是不行的，不行善更不行。

为什么会有慈善部门存在？西方人认为慈善源远流长，先于国家存在。西方人把慈善作为人们发自内心的一种需求，而不是简单的行善，认为慈善是人类、国家、文化，包括平时人和人之间联系的需求，是人类社会维持存在的纽带，利他加上利己，这是人类的特性。他们认为慈善可以减少苦难、提升人类潜能、促进平等与公正、建立社区。西方社会很早就会让孩子来做慈善，让孩子从小养心，让潜能和爱得到发挥。此外，慈善非常重要的作用还包括人的满足、鼓励试验、激发变革、孕育多元化等。

美国目前有230万非营利机构在运营，大概160万在美国国税局注册，2012年私人慈善机构共捐款达3000多亿美元，包括公共慈善机构和宗教会众的捐款。并且有1/4的成年人参加了机构的志愿工作，志愿活动共计150亿小时，价值大约是3000亿美元。慈善在美国社会是一种非常重要的必需品、是生活方式，像空气和水一样。在美国，个人捐赠占社会总捐赠的72%，其中32%用于宗教。早在2007年，美国各类基金会就达到75000多个，财产总额达到6000多亿美元，美国每天要出现8个基金会。美国排名前三的基金会：比尔·盖茨基金会，到2013年底财产是413亿美元，福特基金会122亿美元，第三位的JPaul Getty Trust是110亿美元，基金会是美国做慈善非常重要的载体。

西方发达国家做慈善、做基金会，有理论、有工具、有组织、有比较好的社会结构，这首先是三角形的社会，有家庭、有市场、有政府。发达社会健康的结构，慈善领域连着市场、连着政府、连着家庭，慈善是中间的调节器。我国几千年的历史传统，特别是在计划经济下，只有国家和家庭，中间没有社会组织。所以我们要发展慈善，健全我们的社会结构。

碳经济如何走向善经济？

“夫君子之行，静以修身，俭以养德。非淡泊无以明志，非宁静无以致远。”诸葛亮在《诫子书》中说的这句话，反映了我们前贤在精神层面的追求，但悲哀的是，大多数后人却在追逐物欲的道路上狂奔而去，忽视了精神上的享受。特别是改革开放 30 年以来，“压力山大”成了都市白领自嘲的流行语。据一家世界知名调查机构的结论显示：中国内地上班族在过去一年内所承受的压力位列全球第一。物质文明爆发式发展，加上一味的“唯物”以及各种“无神论”“反宗教”口号的盛行，使得整个社会都比较浮躁，缺乏信仰；以物质财富来评判成功与否的“唯财富论”以及对事情甚至感情的货币化，使得年轻人的压力更大了；而邻里之间、人与人之间只关心自己能不能赚钱，以为帮助别人没有任何好处利益，不热衷于公益慈善，只顾满足自己的物质欲望，缺乏信任和关怀，没有感到应有的幸福，精神满足感反而下降了。

没错，生存离不开吃、穿、住、用、行，我们需要物质财富来满足基本的需求和享乐的需求，但中国人对财富的渴望有些过头了。精神世界的空白促使人们更关注物质。近代以来，中国经历过多次思想解放和文化变革的运动。改革开放以来，吹进国内的“西风”更是对本已脆弱的本土文化造成了二次冲击。美国人的开放、德国人的严谨、法国人的爽朗等，西方人优秀的一面还没学会、先进的技术和制度尚未学好，拜金主义和享乐主义反倒是先腐蚀了不少人的思想。

不仅仅是压力大，据美国盖洛普民意调查公布的 2010 年全球幸福度调查结果表明，只有 12%的中国人认为自己“生活美满”；多达 71%的答问者说，他们生活艰难；17%的人说自己的生活苦不堪言。应该说，现在的中国经济高速发展，生活条件在不断改善，但为什么还有这么多人感觉不幸福呢？另外据《2015 年幸福指数调查报告》显示，超过一半的受访者认为，“赚”到钱才能“赚”到幸福，所以，提高自己的收入水平成了多数人的追求，快速发展经济、改善人们的生活条件成了政府的首要任务。然而，广州出炉的《2015 年广东幸福消费报告》显示，收入越高的人幸福指数并非就越高，他们反而比那些中等收入水平的人的幸福指数还要低。

可见，收入水平和财富水平对幸福指数有较大的影响，但不是决定性因素。一个人幸福与否，由很多因素构成。人们不幸福一部分原因是由于社会环境，一部分是由于心理因素。而当今社会精神文化的缺位已经不是一件小事，转变价值观念、追求心灵的释放、有信仰有情怀做有益于社会和他人的事情，这些才是“善经济”所应该追求的理念。在此理念下，我们就不能赚了大把的钱，却呼吸着雾霾、吃着重金属污染的大米吧；我们也不能将任何事物都以货币来衡量，而说人情冷漠、世事炎凉吧？在“善经济”的环境下，如何满足精神的需求、满足以人为本的人本位的需求才是我们要追求的经济发展的主导力量。压力越大，我们越要以和谐、安定的心态处之，转变唯 GDP 论，经济发展的模式要由传统的碳经济转向善经济的发展模式上来。

在善经济时代，人们精神的满足感关系到人生是否幸福。幸福感的建立，需要重新看待传统文化和宗教文化中的有益精髓，发掘其中的真善美，要利用传统文化的精髓来建立“人人为公”“天下大同”的社会价值。

中国能够引领善经济的发展吗？

近年来，不少人都流行入基督教、天主教，特别是不少高知识水平的年轻人，觉得老外实诚、基督教乐于施善，一到周末就去做礼拜，他们内心怎么想的我们不清楚，但是肯定都觉得加入基督教比较“时髦”，认为公益慈善是国外的舶来品。如果这样想那就错了！其实中国传统文化里面有根深蒂固的慈善伦理与公益精神，只是现在人了解得太少，或者说不承认这一点。实际上我们回顾中国源远流长的历史，可以发现非常多的证据，而且与西方公益慈善理念源自于宗教教会的思想一样，我们的传统文化和宗教精神也构成了东方慈善伦理的基础。

只要一说出来，大家就会恍然大悟。原来我国的“三教”早就提出了慈善的概念，建立好了相关的道德伦理。我们来看看是哪“三教”让你明白：做慈善不用盲目膜拜西方思维，咱们的老祖宗早就给出了答案。“三教”指的是儒教、道教和佛教。具体来看，大家对儒教肯定熟悉得多一些，只是大家不清楚儒教是怎么宣扬慈善精神的。其实儒教追求的是“仁者爱人”的理念和“天下大同”的目标，希望引导社会关爱他人尤其是社会弱者，推崇爱己及人的利他风尚和助人为乐的精神。儒教发展到了孟子那里，对“利他”形式的公益慈善就更为注重了，孟子不仅认为要“仁”，同时还要“义”，既做善事也要分清善恶，不能对坏人也善。按照现在的话来说，就是不仅要做善事，还要懂得如何做好善事。孔孟强调纯粹的利他，这一点我们要辩证来看，现今社会也有不少践行孔孟之道的人，但毕竟是少数。如中国“裸捐第一人”的余彭年、“爱心大使”丛飞等等，他们都非常高尚，但是他们的力量相对还是有限，我们应该要鼓舞更多的人参与公益慈善。所以，我们不仅要继续发扬儒教的慈善文化，还要结合现代社会的特征，让其更好地服务于“善经济”。

道教是怎么发展公益慈善理念的？道教认为做慈善应该“无为而善”。不少人以为无为就是没有任何作为，就是不干事！其实不然，“无为”其实是一种“常德”，“常德”指的是社会拥有道德原则和道德规范，并且是永恒的“德”，这样的“常德”是“善经济”所必须拥有的精神之一。而根据道德形式和层次的差异，道教又把“无为”封为“上德”，“有为”列为“下德”。意思很简单，就是不自恃有德而做善事，就是“无为”的“上德”，是道教所推崇的；唯恐失去得到的“善名”而做一些形式上的善事，是谓“有为”，即“下德”，上下高低如此立分。所以中国社会要走向善经济，要有“无为”的精神，不能做沽名钓誉的公益慈善、不做形式主义的公益慈善。

不少人虽然不信佛，但是总把佛挂在嘴边，佛教可能是国人讲得最多的一个宗教了。我们这里讲的主要是大乘佛教，构成佛教慈善事业动力机制的是因果报应学说与慈悲观念。提到因果报应，大家第一个想到的就是善有善报、恶有恶报。从当今社会的角度看，就是如果你排污了，污染的是整个环境，那么你处于这个环境中也无法避免污染所带来的危害。因此“善经济”时代我们要有宏观的观念，不能只看到眼前的好处，不能贪图利益而让自己内心不安。对于慈悲观念，大乘佛法强调平等施舍、同体大悲，就是认为广大民众与佛都是一体的，并无区别，只要悟道、走出执迷就能成佛，这也是一种非常适合当下的思想，人人都有善心、都能做善事，只要想清楚想明白了，把他人的痛苦感同身受，关怀社会与他人，怀着“利他”之心，那么就达到大乘佛教的境界了。可能有人说既然有人做善事，为何我又要跟着去做呢？大乘佛教认为世间的一切事物和现象的生起变化都是相依相存的，即“缘起法”，也就是“此有则彼有”“此生则彼生”，慈爱众生就是慈爱自己。对此中医思想也有同样的看法。我们常说：治病不能头痛医头、脚痛医脚，实则说的是中医看诊时依照的是系统性思维，将人与宇宙看成一个整体体系，经脉穴位更是人体各个部分互相关联的结果。然而你看到现在医院，哪怕是中医院都是分门分诊，什么耳科、呼吸内科等等五花八门。看病像做买卖一样，关键不是“望闻问切”，而是开单卖药。但是中医采用横向的、有机的、整合的方法，认为人不是可以不断分割的机体，而是个有机体、开放的系统，人体内的小时空对应体外的大时空，对应宇宙的天时、物候、方位及万事万物。中医从整体、宏观、动态、联系上认知生命，强调“治未病”，养生防病。

换到当下社会的角度来看，就是“善经济”时代不能只看到自己的利益，自己看似得利，但伤害他人最后还是伤害自己；整个社会的价值最大化不是由个人利益最大化的加总得来的，而是通过

“利他”来使得自己与他人的价值最大化来达到。

我们在这里讲传统文化，不是讲迷信；回溯过去的历史，也不是讲封建。“一切贤圣皆以无为法而有差别”：做公益慈善不是为了私欲或者为了达到某种目的，而是为了引导社会由物质满足转向精神满足，同时用中国传统文化的精髓来指导大众追求社会价值和社会影响的最大化、来引领“善经济”前行。

公益金融与善经济

在当今全球经济尚未完全复苏的大背景下，传统的慈善捐助数额锐减，此时愈发体现出公益金融的优越性。

公益金融，是一种有别于传统金融模式的新型投资及财富管理方式。公益金融注重在产生经济回报的同时，为社会带来福祉，如提升环境质量、帮助残障人士就业等。公益金融更强调社会责任、社会价值和社会影响力。具体而言，它包括公益创投、公益信托、小额信贷、社会效益债券、社会价值投资、互联网公益众筹等产品创新。公益金融在组织上既可采取公司形式，也可采取社会组织形式。

公益金融是金融业必须参与的、有利于社会福祉的行为，是金融的一种模式、是一种带有公益色彩（社会目标）的金融行为。目前，国内的公益金融正处于探索期，公益金融需要探索可持续的发展模式。

公益金融是善经济的重要支撑。公益金融通过新机构、新机制和新工具利用金融资源，创造具有变革性的想法、项目或产品，以获取社会与环境价值、引导经济发展的新思路。

公益金融本身就是一种社会创新，同时它也能为更多的社会创新提供资金支持、甚至是商业模式的启发。公益金融的受益群体是所有社会成员，它既关注弱势群体的生存与发展，也涉及与所有人息息相关的环境保护、医疗健康服务等领域。公益金融的概念早已超越商业金融的框架，它体现的是资本的道德与社会价值。在某种程度上，商业金融的逐利性与社会目标的相异导致了市场失灵，造成或固化了部分社会问题。公益金融自诞生之日就是经济目标与社会目标良好结合的社会创新典范，融汇了“共治”的理念，它改变、补充了传统资本市场的激励机制，将社会责任、社会价值和社会影响力的考量纳入其中，借助市场、政府、第三部门的力量实现综合目标。

公益金融的发展促进善经济的健康运行。随着社会转型的推动和公益事业的发展，越来越多的社会组织开始关注政府、市场和第三部门的跨界合作，运用金融工具以更公平、更有效率、更可持续地解决社会问题。

一些公益金融的先行者，如 JP 摩根集团，在金融危机前就开始践行公益金融活动。2007 年推出了基于市场模式的、旨在帮助低收入人群以及实现社区可持续发展的 JP 摩根公益金融项目。作为公益金融的一种方式，其社会责任投资自 2006 年以来，年均增长率达 20%以上，目前在全球 50 多个国家，规模近 4 兆美元，代表了金融的发展方向之一。社会责任投资的蓬勃发展，意味着全球金融创新、商业变革的新趋势。社区投资、微型金融、社会效益债券、可持续商业及社会企业贷款等多种形式，结果导向性的公益金融（即公益创投）也是公益金融的一种表现。

在中国，慈善捐助和传统金融行为处于主导地位，但是一些企业已经开始进行不同层面的公益金融创新实践，例如，2003 年成立的 YBC 中国青年创业国际计划为缺乏条件启动创业和发展企业的创业青年提供专业化的公益帮扶，为青年人提供了更多的就业机会。再如，南都公益基金会 7 年来一直资助优秀的公益项目，推动民间组织的社会创新。

“智慧资本”如何实现“善经济”?

公益遇上金融，绝不是一种巧合。金融讲究资金的融通，几乎人人都可触及；公益慈善看起来“高大上”，真正了解乃至于参与其中的人并不多，甚至不少人做了公益的事情而不自知。金融虽然属于经济领域，看上去与公益慈善毫不相关，但是做公益需要资金，而长远做下去，更加需要源源不断的资金支持。我们做公益金融不是为了赚取个人利益，但是创造出一定的利润且有益于公共社会价值的最大化，是一件好事。真正做慈善的人，不是为了面子，而是为了自身心灵的一种满足。在帮助别人的同时使自己活得快乐，这是真实的、舒服的感受，所以可以长远做下去。与此同时，我们运用商业管理的手段来运营公益项目或者公益组织，支付优秀管理者以合理的报酬，让大家将公益慈善做得更好。这就是资本资金有了“智慧”，知道哪里对资金的需求应该要被满足。这么一来，就达到了善经济时代所强调的那样：既要满足物质需求，但更要满足精神需求，从帮助他人那里获得心灵的满足，他人也能够获得满足感，最后整体加总的效用比为了一己私欲所达到的效用要大得多！

我们将满足自身物质需求之外的物质适当的给予受帮助者或者受帮助的地区，并且还可以利用商业运作的模式帮助受帮助者改善自己的生存发展产环境或者地区的资源环境。在做公益的同时，又能实现自我和他人的价值，何乐而不为！

公益金融有很多新形式，包括社会影响力投资、公益信托、公益创投、公益基金等等。我们利用这些工具，来帮助我们自己以及被我们帮助的人实现各自的目标，最终实现的是全社会的价值最大化。所以我们说公益金融是一个载体，发展善经济就要依托这个载体，尽可能地发挥这个载体的作用，让我们能够更轻松、更有效的进行公益慈善；同时也能够让广大民众通过公益金融的工具，以较低的门槛和成本投入参与到公益慈善当中来。而且你会发现做了善事，居然还有收益，那么你就更有积极去做这件事了。这样一来，参与公益的人越多，公益金融就越普及，那么公益慈善的理念，或者利他、精神层面满足的这些个理念，就更容易为人熟知并真正做下去、坚持下去。那么我们认为，只有大众的参与，才能真正称之为“善经济”。

因此，我们应当发展更多公益金融的创新，提高公益金融的收益以及帮扶范围，让更多的人认识到：原来公益金融还有这么大的好处，这个好处不仅仅体现在收益上，还体现在社会价值的实现上。那么大家都会感觉自己为社会为做了好事，感到心安理得，感到社会的关怀与温暖，幸福感就会更高了。

公益金融需不需要回报？

公益慈善事业以前是不赚钱的，大家投入多少就等于失去多少，因此总觉得公益慈善不是谁都能做的，穷人觉得自己没钱做公益，中产阶级觉得自己那么辛苦，害怕变成穷人，而有钱人又不放心资金去向，捂紧钱袋不肯投入。为了解决这些问题，公益与金融开始结合，“公益金融”一词就此创造出来了。一是公益金融不再限定为非营利形成，新的形式是可以获利的，不是单靠输血，而是可以造血，私人企业和公共福利不再是对立的；二是企业化运营，追求自负盈亏，强调规模效应，着重可复制的模式；三是多方合作，注重跨界共享，形成综合的系统工程，而且重视结果。专业慈善意味着慈善需要开发与设立有影响的扶贫救济、社会服务、教科文卫体与环境保护等方面的项目，需要建立慈善项目开发、管理、发展与评估的系统链条，这就需要建立专业化的体制与人才的支撑体系。

我们认为要推进金融业投入公益领域，形成“金融+公益”的模式，慈善亟需转型：从政府主导转向民间主导；由过去少数精英和富裕阶层发起和主导的慈善转向由大多数公众广泛参与的社会行为；从传统的、施予为主的个体慈善行为转变为以组织化和制度化为特征的公众参与行为。同时，由于公益金融在我国出现的时间较晚、成熟度较低，因此也需要有一个标杆，或者说是试点效果良好的榜样来给金融业转向公益金融带去积极影响。

在这方面深圳做得不错。总的来看，深圳人均捐赠额数次达到全国第一，连续三届获评全国最具爱心城市和最慷慨城市，被授予最高级别的七星级“慈善城市”称号，其一举一动都是国内公益慈善界的风向标。

基于社会工作创新和慈善事业发展的公益金融领域，深圳一直有着诸多探索和实践。从在全国率先推出“巨灾保险”到成为全国“慈善信托”试点；从中国公益慈善项目大赛的“花样玩法”到“公益创客”孵化器落地……“公益慈善+”全面跨界成为新的发展模式。

另外，得益于活跃的资本市场和深厚的慈善土壤，深圳除了大众关注的慈善信托之外，慈善基金及慈善保险也开始尝试新“玩法”。目前，国内慈善组织既要执行使命，又要实现保值增值，但其自身难以成立专业投资管理团队。对此，深圳的前海开源基金管理有限公司采用美国的外包型首席投资官（Outsourced CIO）的形式，由职业投资人为多个家族通过一个投资组合共同管理财富，这也被称为多家族基金。

一些保险机构也尝试推出新项目。目前正在中国人寿挂职的深圳市政协委员、市社会保险基金管理局副局长黄险峰介绍，中国人寿计划推出一款名为“银龄安康”的保险产品，受保人不光是深圳户籍居民，在深圳工作的人也可以给老家的老人购买，参保费用为30元/人/年。

上述公益金融形式的创新，基本上坚持总体收支平衡、保本微利运营的原则，以社会效益为主、经济效益为辅，这也是公益金融产品的一项原则。

另外我们还看到，公益金融绝不是这次给一口饭吃，下次就不管饱了，而是运用商业模式的运作方法进行管理，保证公益慈善极可持续性，还有可能帮助受帮助者或者地区实现自我运营，就是我给你启动资金、技术、方法，然后你自己解决问题。最后我们发现，如此一来，各种公益慈善组织便可以帮助更多的人了，资金可以更有效地被利用起来并进入需要的领域。

如何推进现代金融转向公益金融?

现代社会的发展变迁日益加快，产生的社会问题也有规模化、深层次化和顽疾化的趋势，在用商业方式解决社会问题得到普遍认可后，用金融方式解决社会问题也正在获得越来越广泛的关注。

哈佛大学社会责任投资行动项目总监 Steve Lydenberg 认为，公益金融的未来发展有三种可能性：第一是成为一种时尚，转瞬即逝；第二，可能成为一个专门的缝隙市场，占到金融市场 5%，而不会继续增长；第三种可能性是，公益金融会对整个金融的主流领域带来深远的影响，从而成为金融行业的另一种模式，它可以将投资与社会、环境影响更好地融合起来，来帮助我们解决这个世界所面临的可持续发展的问题。

那么如何推进现代金融转向公益金融呢?

首先，金融与公益有效衔接，创造出市场与公益共享价值。在我国，基金会产生初期本有着银行的功能，具有特殊金融机构的地位。但由于 20 世纪 90 年代乡镇普遍设立农村合作基金会后不久，因产权不清、管理不善等原因于 1998 年 7 月被国务院明令取缔。现阶段，基金会虽未得到金融机构对其地位的明确认可，但仍具有金融机构的属性，如募集、储存资金及投资主体地位等。公益金融体系的建设须重提基金会的金融功能，鼓励基金会积极参与公益创投。政府应适当减少行政干预，尊重基金会参与的主体地位，帮助基金会学习商业领域的投资理念和财富管理方式，制定合理的退出机制，形成完整的公益投资链。同时，应以政策优惠吸引商业投资者参与，进一步释放社会潜在的公益创投资源，将“风险投资”嵌入公益创投。为激励商业投资的进入，应加强公益创投的绩效评价机制，努力将社会影响与经济效益平衡量化，从而提高公益创投的效率。

其次，借鉴国际经验成立公益银行，形成完整的现代银行系统。商业性银行和政策性银行是我国银行体系中并行互补的两大金融机构。公益银行作为第三支力量，可起到弥补“政府失灵”的作用。公益银行可运用市场手段解决社会公益领域的金融问题，也可在商业性银行和政策性银行之间发挥桥梁和补充的作用，形成更为健康和可持续发展的现代银行体系。基金会因其产权、绩效评价、投资回报和增值保值等方面的缺陷难以取代银行。公益银行可针对公益领域中市场机制、政策机制的盲区来发掘新机会，将公益事业与金融市场相融合，一方面靠金融手段保值增值，另一方面以公益价值约束规范金融市场，从而以引导金融功能与价值的本位回归。同时，公益银行作为流动的资金池，可为公益创投、公益信托和小额信贷提供支持，形成多元互补、协调共济的公益金融体系。国际上有不少公益银行的成功经验。孟加拉的乡村银行为穷人提供小额贷款服务，成为现代扶贫的一面旗帜；伊斯兰银行以《古兰经》为原则，存贷无息，对发展伊斯兰国家民族经济和文化教育事业发挥了重大作用；在我国四川，近年来不仅小额贷款蓬勃兴起，还依托四川省城乡统筹发展基金会成立的四川统发银行，明确了公益银行的定位，积极探索公益与金融深度融合的模式。

再次，创新金融模式，推动公益金融创新。完善公益信托的相关配套措施，大力推动信托在公益领域的实践；学习借鉴传统金融体系中丰富的创新产品和设计，探索社会效益债券；创新小额信贷发展模式，借力公益银行以推动整体的扶贫计划；对社会价值投资、互联网公益众筹等公益金融领域的创新采取包容性支持，以推动公益金融的创新发展。

最后，建立科学有效的监管机制，建立对公益金融的绩效评价机制。要基于公益创投、公益银行自身的特性来建立科学、有效的监管机制，保持公益创投、公益银行的公益属性和商业手段之间的平衡。及时出台相关法律法规，对商业性金融、政策性金融与公益性金融进行协调，构筑不同金融领域之间的防火墙，推动我国金融体系改革，构建完整的现代金融体系。要建立对公益银行绩效的科学评价体系。基于公益银行在金融体系中的特殊性及其自身的使命，在其绩效评价体系上应区别于商业性银行和政策性银行。其中，社会投资回报是对公益银行绩效评价非常有借鉴和参考意义的工具，不仅关注其经济效益、政策效益，而且要更关注由投资带来的对社会、社区的改变。

Public Welfare、Finance
and Goodness Economy

·第六章· 构想善未来

重塑价值观

一切从价值观开始！

有正确的价值观才有正确的未来。正确的价值观来自科学的人生态度。

虽然科学的人生态度很难定义，概括起来主要是要处理好两种关系，一是物质财富与精神财富的关系，二是我与世界的关系。物质财富是我们生存的基础，但除基本的生理需求外，物质财富一定要有效地转化为精神财富，才会给我们的生命带来真正的意义。

物质财富转化为精神财富的模式因人而异，因国而异，因文化而异。一些人非常容易满足，小小的财富可以转化为大的精神财富，而另外一些人巨大的物质财富并不带来多少精神财富。一些国家或地区的人也特别容易满足，如不丹和我国西藏地区等，而另一些国家或地区的人则不然。当然，物质财富也不一定都能转化为精神财富，在很多情况下物质财富成了压力、成为纷争的起源、成为了悲剧生命的道具。一旦物质财富不能转化为精神财富，甚至转化为精神痛苦，我们难以想象物质财富还有什么意义。

在仅考虑个体的情况下，物质财富转化为精神财富相对要简单容易些，而如果把我与世界的关系牵涉过来，问题就会变得复杂得多。举例来说，如果我的物质财富增加是以掠夺他人财富为手段的、或者是以破坏自然环境代价的，物质财富转化为精神财富的模式就有多重性了。一方面，对个体来说，物质财富增加当然会带来短期的满足，但如果这个人的良心还没有完全泯灭，或早或迟这些物质财富必定会带来一些负面的精神纠结。另一方面，考虑到被掠夺的对象或自然环境，他（或他们）的损失给社会带来的各种形式的反作用或者自然环境给人类生存条件带来的反作用，势必会减少这部分物质财富给个体带来的精神享受，甚至会变成完全的痛苦。

我与世界到底是什么关系？我就是我，世界就是世界吗？显然不是。从佛家思想来说，我就是世界，世界就是我，世界与我无二无别。“若世界有实，即是一合相，所谓一合相，即非一合相，是名一合相”。其实，从现代物理学的角度来看也是如此，世界与我都是微粒子的波动；从社会学的角度，人类是群居动物，人们的行为会相互影响、相互渗透，我中有你，你中有我，无法截然分开。

未来善经济社会，我们首先要建立与善经济相适应的价值观。其中，最为核心的是在拥有一定物质财富的前提下，应更多地去追求精神财富，建立科学有效的模式，让物质财富转化为精神财富。如果只知道积累财富，总有一天他会认识到，再多的财富也有解决不了的精神问题。其次，我与社会、我与环境紧密相依，在为我们自己创造物质或精神财富的同时，我们必须考虑社会和环境的利益，至少我们不能损害他人的利益或破坏自然环境，我们要摒弃单纯追求个人利益的行为，转而追求社会整体的利益以及精神财富最大化，让“善”融入到我们的经济活动之中。

构筑可持续的幸福观

我们要幸福。

什么是幸福呢？幸福是一种感觉，很温暖、温馨的感觉，很放松、自在的感觉，很浪漫、甜美的感觉，总之是一种很享受、很满足、很美好的感觉。

幸福来自哪里？幸福来自内心。幸福其实是我们内心对自身以及自身环境的一种评判。所以，幸福很大程度上取决于我们的心智模式，面对同样的事情，我们可以很幸福，也可以很痛苦。当然，幸福与我们自身条件和外在环境也有很大的关系。当我们自身很强大、很健康时，我们容易感觉到幸福。当我们与外在社会关系很融洽以及认为外在自然环境很美好时，我们也容易感觉幸福。反之，我们则容易感觉痛苦。

回想我们的人生，其实我们都曾经很幸福，当然现在的你也许就很幸福。可问题是幸福很难持续，曾经的幸福今天不见了，今天的幸福不代表明天你依然幸福。如在热恋的时候，我们很幸福。可是，这种幸福能持续多长时间呢？随着时间的推移，这种幸福可能会慢慢地变成了无奈，甚至痛苦，也许还是巨大的痛苦。又例如，今天碰到老同学，海吃海喝，很幸福，但明天胃痛头痛，乃至于“三高”重病，很痛苦。怎么办？建立可持续的幸福观很重要！也就是说，我们要有长远的眼光，在我们幸福的当下甚至在我们还不幸福时，要考虑我们未来的幸福，要为未来的幸福做准备。

在我们的经济行为中也是这样。发展经济的根本目的是创造幸福。与过去相比，今天经济大发展，确实为大部分人解决了衣、食、住、行等基础生存问题，也为我们创造了信息沟通、知识传播、文化交流等方面良好的物质条件。在物质上我们肯定比过去丰足了，一定程度上来说我们应该是幸福了。但显然这不是人类需求的全部。经济发展为人类带来的许多问题让我们还无法确定是否真的比以前幸福了。我们可以从以下三个方面来反思。

一是“基于商品消费的幸福观”。在现代经济学中，经济的源动力是需求，有需求就能创造供给。消费行为会带来效用，尽管效用遵循边际效用递减规律，但消费增加，效用的绝对值总是增加的。也就是说，在现代世界经济格局下，我们总是把幸福指标与商品的拥有和消费力作正关联。经济发展的结果就是经济越强大，消费水平也就越高，人们生活似乎也就越幸福。如美国占世界仅5%的人口就消耗全球约1/4的能源，其他消费水平也很高，所以理论上美国的幸福水平应该很高。但事实是，按照专业的幸福度调查，美国的幸福水平仅位列全球的十名之后。

二是“个体利益最大化”。“经济人”假设是西方经济学的基石。经济人是理性的，自私自利的，总是追求个人利益最大化的。在现实社会中，人们的经济行为也确实较为符合“经济人”的假设。大至国家、中至企业、小至个人无不在追求各自利益的最大化，似乎所有人的人生的驱动力就是为了追逐个人的利益。但不幸的是，个体理性往往会导致集体谬误。例如，单个企业为了追求利润，枉顾环境、破坏环境，就会导致当地环境污染严重，滋生疾病，对于整个社会而言得不偿失。又如，发达国家为了维护自己国家的良好生态，把相关污染的经济行为转移到发展中国家中来，从而可以更大量地消费相关的经济产品，但事实上，地球是圆的，这些污染会给整个人类带来了巨大的灾难。当然，人类也在思考各种办法来纠正“个体理性，集体谬误”的悖论，但总体上，似乎人类的智慧远不能超越宇宙和自然的力量。

三是“即期效用最大化”。虽然可持续发展已经成为国际社会的一个主流思潮，产生了巨大的影响，然而在全球范围内并未能扭转包括全球气候变暖、能源和矿物资源紧张等相关问题，人们基于即期效用最大化的短视发展观并未得到根本扭转。

人们必须摆脱消费主义的影响，倡导可持续消费和可持续的生活方式，以人为本，综合协调人与环境和社会的可持续发展，建立起一整套基于可持续的发展观和幸福观，才能真正解决相关问题。在一定物质基础的前提下，一个良好的社会环境会给人以安全感、信任感、参与感、道德共鸣及其所带来的幸福感，可以远远超越过度的物质性消费和享受所带来的暂时的满足感和优越感。

架构商业与公益的桥梁

就当今中国而言，商业与公益似乎是完全不同的两件事。商业的核心目的是赚钱，学术上说是为股东创造最大化的利益，而公益的目的是花钱，为社会大众（第三方）创造利益。于是，商业行为可以完全不考虑社会公众的利益，甚至是牺牲公众利益，而公益行为只能是情感表达，没有商业精神，更不能有商业行为。这种硬生生的割裂为社会经济的发展带来了许多问题，商业行为缺少道德约束，而公益行为却被道德绑架。毫无道德顾忌的商业行为在我们社会和自然环境中不断挖出深坑，而被道德绑架的公益行为只能无力无奈地拿些细沙来塞填。在未来，我们首先希望商业活动不再挖坑了，而且会有越来越多的溢出效应，同时公益活动能够汇入更多的商业资源（包括资本、人才和规则）、产生更大的填坑力量，从而我们的世界将越来越平整，整个社会的地位也将越来越高。加强商业与公益的合作，融通商业与公益资源、协调商业与公益运行规则，创造人类更为美好的明天。

让商业充满善心

商业不应该仅仅是赚钱的机器。商业人士应当知道世界是一体的，因此应该更好承担创造更美好社会的责任。首先，商业的底限是不应该损害他人利益或破坏自然环境，或者说，商业活动赚钱不应该以制造负面社会效应为代价。其次，商业可以在获得自身收益的同时，承担更多的社会责任，创造更多的社会价值，进而可以获得可持续的长期回报，形成经济价值创造与社会价值创造的良性循环。第三，更好地运用商业智慧，让一些原本只有社会价值而没有商业价值的项目形成良好的商业回报，让潜在的社会价值浮出水面。

让资本具足智慧

资本是逐利的，善经济的资本也是逐利的。然而，善经济的资本还有智慧。因为有智慧的眼光，善经济的资本不会投向损人利己的项目，不会只看短期效益，它会计算人类发展的长远利益、整体利益，不会以牺牲其他人或下代人的利益为代价。善经济的资本还会更多进入到公益领域。全国政协委员、清华大学公益慈善研究院院长王名指出在公益领域，金融的作用长期以来没能得到有效利用。其原因有三：一是公益组织尤其是作为公益链条上游的基金会能否从事金融活动一直讳莫如深，既不许可也无规制，其风险控制和收益处于事实上的放任与无效控制的张力中；二是公益产业链不完整，公益融资困难重重，公益领域的大量闲置资产和金融资源远未得到激活和利用；三是政策、制度、体制和相关规制措施普遍缺失，尤其是管理机构不明确、税收优惠政策不到位，使得监管漏洞多，运营效率差，参与者积极性不高。

未来应推动以基金会等社会组织为主体的公益金融活动，加快开展慈善信托试点等，推动公益金融的创新运转。一方面推动商业资本的进入并推动公益慈善领域的发展，另一方面推动公益组织借力商业的原则、商业管理方法、金融工具等盘活资源、提高效率，形成自我支持、自我运作、自我发展的公益生态链。

让公益更有效率

用企业化的管理做公益，这在当今的国际社会已经蔚然成风，特别是自2000年以来，全球化、信息化、市场化的力量正在促进现代公益的诞生，把经营的观点注入公益组织，实现公益组织的企业化管理，这是大势所趋。目前，发达国家的公益组织，大部分都用公司化的法人实体，它的依据就是《公司法》，公司的形式适用于公益机构，且保存了它的私有特征，又具有法人的治理结构，在操作层面，公益的组织更加强调成果，强调投入产出，强调带来重大的社会影响和社会效益。

按照新的公益理念，做公益的资金如果通过商业的方式和投资得到增值，便能够更多更好地用于公益事业。公益创新是顺应国际公益理论和实践新发展的客观需要。这几年国际公益领域发展出现了很多新观念、新思维、新方法和新工具。典型的，比如说影响力投资、公益创投、社会企业、公益信托等，普遍重视需求公益与商业的结合。强调利用金融工具和新型的商业模式，促使公益组织能够带来重大的社会变革，从而能够促进公益事业的有效性。

用商业化、企业化的思维做公益，是中国在发展公益事业上的一个重大理念创新，企业和公益有很多类似之处，特别是在组织管理的层面上，两者没有太大的区别。比如，两者都追求效率最大化和成本最小化，都需要明晰战略的目标，都需要制定比较强劲的战略措施，都需要有效的制度，都需要良好的文化激励，才能实现战略目标。目前中国引入企业化管理的公益组织也越来越多。比如阿拉善基金会、爱幼基金会、中国扶贫基金会等，都有鲜明的企业管理思维。企业家参与公益组织的管理最鲜明的价值，就是把管理企业的思维方式、管理理念和管理手段移植到公益组织的管理中来。

加强商业和公益合作

公益与商业的合作是既存现实，它为公益慈善事业引入丰沛资源，有利于公益组织的生存与可持续发展。同时，为了引导商业活动遵循公益规则，一些普遍性的原则需要遵守，例如不得违反和削弱公益组织的宗旨和使命；公益组织与商业组织建立伙伴关系且该伙伴关系涉及使用公益组织的名称、标志、形象时，应在合作之前对商业合作伙伴启动必要的尽职调查，以避免商业合作对公益组织造成任何负面影响；公益组织从事商业活动的，应遵循合法、安全、有效的原则；公益组织的收益在扣除合理成本之后，需继续用于公益组织的宗旨和目的的，不得分配给任何组织和个人；公益组织需谨慎选择商业活动的领域和方式，避免从事高风险的投资活动；建构风险控制机制，适时提取风险准备金。例如，慈善事业要获得持久的发展就需要活动推销、公共关系、经济运筹、战略规划等类似的商业模式。慈善产品本身也需具备销售前景、质量和品牌。壹基金以“创意+商业”的密码破解了公益事业的效率与永续的难题，其有效的商业模式加上积极的创意，改变了行善的方式，让慈善可行、易行且能常常行之，以此建立了良性循环，并引导商业资本进入公益事业。

引导优秀人才从事公益事业

美国慈善公益就业人员数量占其所有参加就业人员数量的 10% 以上，超过 1000 万人。我国现在约有 8 亿就业人口，相较于美国 10%的比例计算，将有 8000 万个就业机会。所以，慈善公益领域的就业容量很大，未来将有大量的专业人士涌入慈善事业，并对就业形态产生深远的影响。

从世界范围来看，欧美国家同行业中，慈善组织工作人员的工资水平不低于其他行业，如美国基金会领域的 CEO，工资几十万至上百万美元不等。我国实行按劳分配原则，各行各业均没有设定人才工资上限，但唯独针对基金会就业人员的薪资的规定却有两个：一是《基金会管理条例》第 29 条规定“基金会工作人员工资福利和行政办公支出不得超过当年总支出的 10%”；二是《财政部国家税务总局关于非营利组织免税资格认定管理有关问题的通知》中规定“工作人员平均工资薪金水平不得超过上年度税务登记所在地人均工资水平的两倍，工作人员福利按照国家有关规定执行”。换句话说，只有满足这两个条件，基金会才具有免税资格。这些规定不仅极不符合公益慈善事业的发展规律和发展方向，并且还制约了公益慈善事业的发展。

让人类幸福

把公益理念引入商业，同时把商业的模式引入公益组织，收获的社会效益就能远远大于实际经济收益，能够让社会更美好，让人类更幸福。慈善公益被称作第三次国民收入分配，具备缓解贫富差距的意义。尽管商业和公益的最终目标有差别，商业机构寻求效益的最大化，而公益组织寻求社会效益的最大化，但是从长远的视角来看，两者殊途同归，都会实现让人类的生活变得更加美好这样一个目标。

构建公益慈善资源对接平台

据《中国慈善发展报告（2016）》统计显示，2015 年我国社会捐赠总量为 992 亿元，仅占中国当年国民生产总值 67.67 万亿元的 0.15%，而且社会捐赠量出现了连续两年下降的趋势。与之相比较，美国 2015 年的社会捐赠总量为 3733 亿美元，（是中国的 26 倍），占美国当年 GDP 的 2.07%（是中国的 13.8 倍）。是中国人太穷，还是中国人没有爱心？显然都不是。中国人其实不缺钱，更准确的说法是部分中国人不缺钱。如果中国富人以占总人口的 10%来计，那么将达到 1.3 亿人，可以说是一个庞大的群体。从中国人不断提升的奢侈品消费来看，这一群体的财富力量可见一斑；在中国传统文化的长期熏陶下，中国人绝对不缺爱心，从每次灾难时全国人民的奉献可见一斑。问题的关键是中国缺乏公益慈善资源与公益慈善项目有效的对接平台。

为了构建有效的公益慈善资源的对接平台，我们可以借鉴现代证券交易所的证券发行机制。

我们先来看证券交易所如果做资源对接的。当一个企业因为扩大生产需要向社会做证券融资（以股票发行为例）时，企业必须：①编写相关可行性研究报告或商业计划书等相关申请文件；②经会计师事务所和律师事务所等相关专业中介机构背书；③由专业金融机构（保荐人）向证券交易所（在我国目前为证监会）提出申请；

④交易所（或证监会）对申请方案进行审核批准；⑤企业对相关公共媒体公开融资计划；⑥专业金融机构（券商）对企业发行的股票进行销售或股票投资人对企业所发行的股票进行认购；⑦企业得到融资，并按相关承诺使用所融的资金；⑧企业经会计师事务所等专业机构的审计后定期公开相关经营业绩，对所融资金的经营效果进行说明，并向投资者提供相应投资回报。从中可以看出，企业要想得到融资，自身的经营计划很重要，但如果没有交易所的平台以及专业金融机构和中介服务机构的协助，再好的计划也无济于事。

借鉴证券交易所证券发行机制，我们设想建立如下的现代公交慈善资源对接平台：

1. 平台宗旨

构建公开、公平、公正的社会价值投资资源对接平台，建立专业化、规范化、现代化的资源对接体系、机制和通道，促进社会资本资源与社会价值投资活动有效对接，引领社会价值投资（包括慈善公益）事业健康发展，让资本更具智慧，让社会更具善心，推进中国乃至全球“善经济”的发展。

2. 功能

（1）公益慈善项目资金募集。建立公开化、规范化、便利化、广泛化的信息发布平台和对接平台，吸引政府机构、公益慈善基金会、具有社会责任感的企业、爱心个人等公益资金供给方，为各类公益慈善组织、社会性企业和有需要的个人等资金需求方提供相关公益慈善项目的运作资金。

（2）公益慈善服务公开采购。建立公开透明的信息发布平台和科学规范的交易机制，搭建各级政府、公益慈善基金会与社会性企业、公益慈善组织之间的对接平台，促进各级政府及大型企业更加便捷、公开、公平地采购社会公益慈善领域的各类服务。

（3）慈善公益金融产品发行及交易。发行公益信托、公益基金、公益创投、公益债券等现代金融产品，并积极探索二次交易。

（4）社会企业股权、债权交易。为社会企业发展提供股权及债权融资服务。

3. 平台架构

资源对接平台架构由平台运营机构（资源对接中心）、资源需求方、资源供给方、支持机构和监管机构等五个部分组成，如图 6-1 所示。

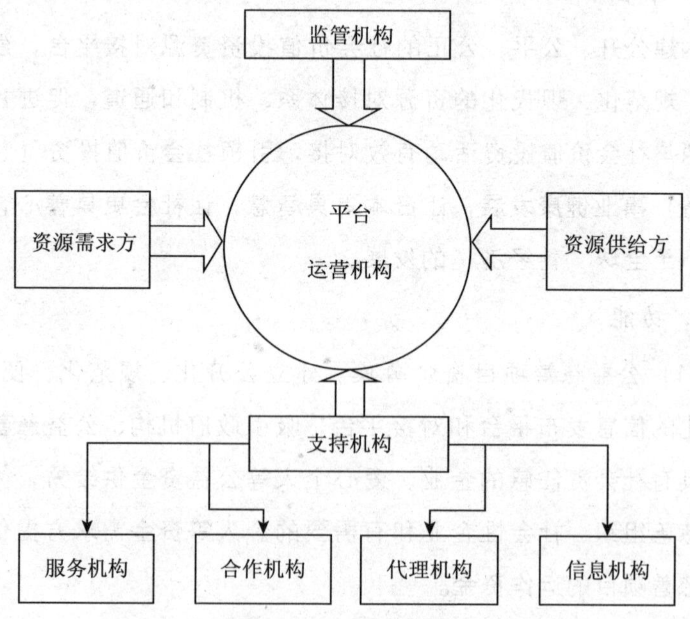

图 6-1　公益慈善资源对接平台架构示意图

（1）平台运营机构（资源对接中心）：组织专业团队，促进资源需求方与供给方对接，实现资源的合理配置。

（2）资源需求方主要有三类，分别为公益慈善组织、社会性企业和有需求的个人。

（3）资源供给方主要有四类，分别为政府机构、企业、公益慈善基金会和爱心个人。

（4）支持机构是完成资源对接的不可缺少的组织，大致可分为四类：①服务机构，主要为会计师事务所及律师事务所，对资源需求方及其提供的项目进行信用背书，做财务及合规性审核，并对项目的运营做出评价；②合作机构，主要为金融机构以及拥有第三方支付业务的互联网企业等，职能是协作对接平台开展相关挂牌公益项目的资金募集；③代理机构，主要为公益慈善基金会等，职能是代理非会员单位或个人进行公益项目资金的公开性募集；④信息机构，主要指慈展会官网及其他进行相关信息发布的媒体。

（5）监督机构可以是相关政府部门或行业部门，职责是对资源对接平台的运作进行有效监督，保证平台运营机构和各类会员依法合规运作。

4. 对接机制

资源对接平台采用会员合作制进行资源对接，通过会员之间的交流和撮合进行相关资源的对接。会员分为六类，分别为资源需求方会员、资源供给方会员、服务会员、合作会员、代理会员和信息会员。

（1）会员间资源募集机制。需求方会员向运营机构提出申请；

运营机构进行初步审核并进行资源募集的产品设计；运营机构提请服务机构进行审核并做信用背书；运营机构对经背书的项目报评审机构进行审核；运营机构将审核通过后的项目对供给方会员及合作会员公开资源募集需求；供给方会员及合作会员进行资源募集；运营机构将募集的资源转给需求方；在运营机构及监管机构的监督下由需求方进行资源运营；在资源运营过程中以及运营完成后，由服务会员对资源运营效果进行年度或事后评估，同时采用互联网及移动互联网由社会公众对资源运营进行不间断评价；运营机构将资源运营评价结果向资源供给机构或个人进行公开。

（2）会员间资源供给机制。供给方会员向运营机构提出申请；运营机构对申请进行初步审核；运营机构报评审机构进行审核；运营机构将审核通过后的项目向供给方会员进行信息公开；供给方会员制作资源利用方案；运营机构对利用方案进行审核；引进拍卖竞价机制并公开选择最优利用方案；胜出方案进行资源利用；在资源运营过程中以及运营完成后，由服务会员对资源运营效果进行年度或事后评估，同时采用互联网及移动互联网由社会公众对资源运营进行不间断评价；运营机构将资源运营评价结果向资源供给方进行公开。

（3）非会员的资源募集机制。非会员机构或个人向代理会员机构提出资源募集申请（如困难家庭孩子生重病）；代理会员对项目进行核实；代理会员向运营机构提出申请；运营机构进行初步审核并进行资源募集的产品设计；运营机构提请服务机构进行审核并做信用背书；运营机构对经背书的项目报评审机构进行审核；运营机构将审核通过后的项目对供给方会员及合作会员公开资源募集需求；供给方会员及合作会员进行资源募集；运营机构将募集的资源转给代理会员；代理会员将资源转交给资源申请者；在运营机构、监管机构和代理会员的监督下申请者进行资源运营；在资源运营过程中以及运营完成后，由服务会员对资源运营效果进行年度或事后评估，同时采用互联网及移动互联网由社会公众对资源运营进行不间断评价；运营机构将资源运营评价结果向资源供给机构或个人进行公开。

在以上的对接机制中，全面解决了公益慈善事业发展中社会捐赠人（或投资者）所关心的信息公开、经营效果评价、专业监督管理等核心问题。我们期待现代化的公益慈善资源对接平台很快可以在中国诞生。

开启社会价值投资

创新价值评价机制

随着新经济时代的到来，投资理念在发生变化，投资者注重的是企业未来的发展和社会效益。以往只评估企业效益的方法已经不适应当代经济发展的潮流。目前公益方面最新的评价机制包括影响力报告和投资标准（IRIS）、全球影响力投资报告标准（GIIRS）以及国际社会和环境标准（S&E）。

影响力报告和投资标准（IRIS）是2009年推出的一个类似信息筛选的影响力指标库，大致有150个相关问题，囊括了数量众多的影响力衡量指标，包括社区服务数目、女性状况、低收入、健康、能源、环保、教育等。

全球影响力投资报告标准（GIIRS）是一套综合的、易懂的用以评估社会和环境影响力的系统，是借鉴了等级评定和解析学原理所建立的科学评价企业或基金会项目运作成功的系统。发起的宗旨在于驱使投资市场向影响力投资注入。

国际社会和环境标准（S&E）的核心是社会和环境的审计，在投资前后都要进行，为项目的定期完善提供标准。

让社会价值最大化成为资本追求

利润最大化被认为是企业财务管理的目标，但从现代企业管理的要求来看，把利润最大化作为企业财务管理目标存在很大的局限性。片面追求利润最大化会导致企业短期行为严重，从而出现资源掠夺式经营、破坏生态环境等问题，会成为社会持续发展的重大障碍。

随着新经济时代的到来，投资理念在发生变化，投资者注重的是企业未来的发展，即企业的成长性，企业所拥有的财务资源在未来时间内带来多少现金流量增量将成为衡量企业成长性的主要标准。财务资源不仅包括传统意义上的实物资源，还包括人力资源、环境资源和信息资源等。在知识经济时代，企业成长的关键在于拥有有竞争力的核心技术，而这一核心技术就是企业所拥有的人力资源和信息资源。因此，企业必须树立以人为本的经营理念，这是企业可持续发展的源泉。同时，企业要处理好与自然之间的关系，企业对自然的贡献大，其价值才能得到体现，企业如果因排放废气、废水等对自然环境造成损害，就必须要付出代价。所以，环境资源也是关系企业成长的因素之一。信息是决策的基础，拥有了信息就拥有了市场，企业就找到了发展的方向。所以，信息资源也是影响企业成长的重要财务资源。由此看来，企业价值最大化将是财务管理目标发展的新方向。

为了同时实现企业的经济目标与社会目标，现代企业财务管理的目标应该表述为：经济效益最大化，在财务管理中具体表现为提高现代企业的获利能力、支付能力和运营能力。这一表述使现代企业财务管理的目标变得可以计量，同时也兼顾了现代企业的社会效益最优化。经济效益最大化和社会效益最优化这两个目标相辅相成、相互促进，从而实现经济目标与社会目标的双赢。

创新投资回报机制

与传统投资相比，公益金融投资不仅是以一定的财务回报为目的，同时也以投资所产生的社会影响为目的，即投资者除了获得收益，也在一定程度上参与了慈善事业，对特定社会问题的缓解做出了自己的贡献。公益金融投资所带有的双重投资目的是与慈善捐助和传统投资相比的本质区别。

优化社会舆论传播

慈善和商业结合是可持续公益事业的发展趋势之一，如我国政府从 20 世纪 80 年代开始就启动了两个用经济方法支持扶贫工作的项目，一是社会福利企业，另一是社会扶贫。随后产生的有奖募捐、福利彩票等福利事业，都是慈善事业大格局、大政策方面的创新。也就是说，我国以前并不是没有运用过商业手段来支持慈善事业的发展，只是做得很细，不太容易被大家察觉。

从社会发展角度而言，企业若没有慈善作为文化支撑，是难以成就百年基业的。若没有全社会的行动，仅仅依靠政府（包括福利企业）单方面的努力，慈善事业的运转就不会顺畅。人们往往认可政府、国有企业做慈善生意，对民办慈善则持否定态度，这是十分错误的，慈善也应该是民间的，各类企业要主动出击，积极探索，在推动公益慈善事业发展方面应走在政府前列。

善待自然生态

囚徒博弈

两个嫌疑犯作案后被警察抓住，分别关在不同的屋子里接受审讯。警察告诉每个人：

（1）如果两人中一个坦白而另一个抵赖，抵赖的会以盗窃罪判刑10年，坦白的由于立功，立即释放。

（2）如果两人都抵赖，由于证据不足，不足以以盗窃罪定刑，但能以非法入室罪各判刑1年。

（3）如果两人都坦白，罪名成立，但由于坦白从宽，各判5年。

表5-1 囚徒困境

	甲坦白	甲抵赖
乙坦白	各判5年	乙释放，甲判10年
乙抵赖	甲释放，乙判10年	各判1年

如果两人都抵赖，各判1年，显然这个结果最好。但是最终的结果却是两人都坦白，各判5年。囚徒困境所反映出的深刻问题是，人类的个人理性有时能导致集体的非理性——聪明的人类会因自己的聪明而作茧自缚。人有时候不能太聪明，否则往往会聪明反被聪明误。

盲目消费

盲目消费是一种不理性的消费行为，多在攀比、炫耀、冲动、自我满足等心理作用下发生。提前消费的理念滋生出了一批“车奴”“房奴”“卡奴”，这些人在提前享受到物质的同时，也承受着巨大的还贷压力。有关人士指出，许多商家受利益驱使，鼓励消费者用“明天的钱”办今天的事，有些人即使偿还能力严重不足，但受到“提前享受”的诱惑，也会盲目跟风。而由于消费门槛过低，个人信用体系难以建立，商家、银行等对消费信用的风险系数就变得很难估测，由此也制约了消费信用的健康发展。专家建议市民要理性消费，控制提前消费的度，以免个人信用蒙受污点。

价值观是核心

价值观作为一种观念，是人们头脑中形成的关于价值现象或价值关系的系统的根本看法，是一种价值评价的思维框架，其实质是一种价值评价标准。所谓企业价值观就是以企业为主体的价值观。凡是企业都有自己的价值观，只不过是有的系统明确、有的系统不明确罢了。

行为受价值观支配。什么样的价值观就有什么样的行为，就有什么样的生产方式、生活方式，就有什么样的规则、决策及其实现方式。可持续发展问题已经引起全世界的普遍重视，我国已将其列为长期国策。作为现代企业，可持续发展是其价值观的核心，其基本内容包括：效益观念、集体观念、竞争观念、质量观念、信息观念、科技观念、信誉观念等。

生态税

环境税，也称生态税、绿色税，是20世纪末国际税收学界才兴起的概念，是指国家为了调节环境污染行为、筹集环境保护资金、实现特定的资源与环境保护，而针对有环境污染行为的单位和个人依法征收的一种特定税。它是利用税收杠杆促进生态环境优化的一种有效方式。

德国是一个能源资源匮乏的国家，其石油和天然气的进口依赖度超过了80%。在20世纪90年代，随着德国经济的增长，德国的能源短缺与环境危机给社会带来的矛盾越来越严重。同时，德国的失业率也居高不下，据德国统计局的数据显示，从1994—2000年的7年间，德国每年的失业率都超过了10%。如何既能突破环境能源瓶颈又能促进就业，成为了当时德国施政考虑的重中之重。经过政府及科研机构的多方论证，德国于1999年和2000年相继颁布实施《实施生态税改革法》和《深化生态税改革法》。德国生态税改革设计的初衷主要有两个，一是为了通过生态税改革，促进全社会节约能源，减少温室气体排放，最终达到保护环境的作用；二是通过把生态税收入补贴养老基金，从而降低劳动力成本，促进就业。

自生态税改革以来，德国的节能减排效果显著，就业率也逐年上升。据德国经济研究所的数据显示，在2005年，由于生态税改革所导致的CO2减排量超过2%。该研究所还通过PANTA RHEI模型测算出在2003年，生态税改革为德国带来的就业岗位增加了22万~25万个。不仅如此，由于生态税的实施，居民的能源消费观念也逐渐向节能转变。德国统计局的研究发现，由于汽车燃油税收上涨，居民开始减少汽车驾驶而尽量选择公共交通出行；此外，越来越多的消费者也开始倾向于购买耗油量小的汽车。实施生态税改革后的2000—2003年间，由于生态税所导致的驾驶习惯的改变和总里程数的减少，道路交通的燃油消耗量每年都有约2%的下降。此外，德国的生态税改革还促进了德国能源结构的优化。由于对含铅和高硫汽油、柴油实行较高的生态税税率，促使了消费者更多地使用无铅、低硫油品，使清洁油品的生产和消费量大幅上升。由于对新能源实行了免征生态税及其他扶持措施，促进了其生产和消费的快速增长。目前该领域创造的工作岗位已超过13. 5万个，年销售收入超过100亿欧元。2003年，德国的能源消耗总量比1998年有所下降，但风力、水力发电消耗量却增长了75%，风力发电和太阳能发电能力分别居世界第1位和第2位，这表明调整能源生产和消费结构已经取得实效。

生态基金

环境基金（Environmental Funds）和生物多样性企业基金（Biodiversity Enterprise Funds），是指通过直接馈赠的方式来资助保护生物多样性的项目，或者通过间接资助生物多样性区域内商务活动的方式来保护生物多样性区域。实践证明，环境基金和生物多样性企业基金为保护生物多样性项目和其他有关有利于环境的行为提供了稳定、长期的资助，如推动了有机农业、生态旅游、可持续森林和可持续渔业的发展。

重构医疗体系

疾病是产品?

以往医疗服务需求的前提是生病，这个需求的弹性小、服务特殊性强，市场机制作用受限。人们一直以来习惯于“生病就医”的医疗模式，在尚未有明显症状时对自己的健康状况不重视，甚至不了解。在生病住院前，人们基本没有渠道管理自己的健康。

魏文王问名医扁鹊：“你家兄弟三人，都精于医术，到底哪一位最好呢?”扁鹊答：“长兄最佳，中兄次之，我最差。”文王再问：“那为什么你最出名呢?”扁鹊答：“长兄治病，于病情发作之前，一般人不知道他事先能铲除病因，所以他的名气无法传出去；中兄治病，于病情初起时，一般人以为他只能治轻微的小病，所以他的名气只及本乡里；而我是治病于病情严重之时，一般人都看到我下针放血、用药教药，都以为我医术高明，因此名气响遍全国。”

2000多年前，《黄帝内经》中提出“上医治未病，中医治欲病，下医治已病”，即医术最高明的医生并不是擅长治病，而是能够预防疾病。可见，中医历来防重于治。面对现代五花八门的疾病，以及发病年龄越来越低、亚健康人越来越多的状况，利用中医进行养生保健无疑是最合适的方式。

健康才是真正需求

人的一生，可以没有金钱、名利，但绝对不能没有健康。它是一切的根本，是革命的本钱。没有了它，你拥有再多的财富名利都将毫无意义。要是人生是一连串的数字的话，健康就好比是“1”，而事业、金钱、爱情、家庭，就是“0”，没有了这个1，后面再多的0都是没有用处的。只有拥有了健康，后面这些0才会有意义。或许你的1后面没有很多0，但你依旧可以和你家人过着平静、幸福、愉快的生活。

生活在当今一个金钱至上、物欲横流的社会里，许多人都面对着各种各样的压力，为了物质生活的丰富、为了事业的蒸蒸日上、为了家人的能过上更好的生活，不断地加班加点拼搏着，沉醉于灯红酒绿应酬着，不断地挥霍着自己的身体健康。当有一天，钱挣到了，事业或许成功了，目标达到了，却发现自己伤痕累累，身体早已不复当年，只能拿着之前挣到的钱，和医院打交道。你可以挥霍金钱、名利，但切记不要挥霍健康。因为健康一旦透支，就无法挽回，只能追悔莫及！朋友们，去珍惜你所拥有的健康，快乐生活，不要等到生病了，才知道健康高于一切！

发展健康金融

随着互联网金融的发展，医疗与金融的结合也出现了新的模式，包括“医疗设备+融资租赁”“医药+供应链金融”“医疗+互联网+保险”“医疗+消费金融”和“医疗+互助众筹”。鼓励金融机构按照风险可控、商业可持续的原则加大对健康服务业的支持力度，创新适合健康服务业特点的金融产品和服务方式，扩大业务规模。围绕大型医药流通企业的上下游进行链式开发，利用医药企业货款的自偿性解决抵押担保不足的问题，融通上下游的资金需求，助力企业实现快速扩张。

以健康为核心的医疗卫生体系

目前我国医疗卫生服务体系已无法完全满足居民与日俱增的健康需求，急需构建以居民健康为中心的整合型医疗卫生服务体系，包括分级诊疗模式与社区契约服务。针对医疗卫生服务体系发展过程中所受到的制约，建议进一步调整、完善我国医疗卫生服务提供体系，加强机构建设与人才培养，尤其是慢病急救医疗服务体系与慢病专项人才梯队的构建；在继续推动整合型医疗卫生服务体系的发展过程中，要加强医保、医疗服务供方和需方的三方联动，保证以居民健康为中心的整合型医疗卫生服务体系的构建没有短板，且能有效运行。

健康金融与中医

中医中药在中国古老的大地上已有几千年的历史，经过几千年的临床实践，证实了中医中药无论是在治病、防病，还是养生，都是确凿有效可行的。在西医未传入中国之前，我们的祖祖辈辈都是用中医中药来治疗疾病，挽救了无数人的生命。中医对疾病的治疗是宏观的、全面的。中医的防治理念与以健康为中心的健康金融是高度一致的。在发展健康金融的同时，要注重推广中医的疗法，利用金融的手段，发展中医中药。

弘扬智慧文化

文化的内涵与形式

文化是相对于经济、政治而言的人类全部精神活动及其产品。其中既包括世界观、人生观、价值观等具有意识形态性质的部分，又包括自然科学、技术、语言和文字等非意识形态部分。文化的形式丰富多样，如思想、理论、信念、信仰、道德、教育、科学、文化、艺术等。人们进行文化生产、传播、积累的过程都是文化活动。

智慧文化

文化形式丰富多样，然而某些文化也有一些不良影响。如暴力文化、涉黄文化，对辨别能力不强的青少年来说，往往容易使其沉迷颓废。2016 年 6 月，网游成瘾的 18 少年为了买游戏装备，入室盗窃，还砍伤广州两母女，最终锒铛入狱。文化的多样性，就需要用智慧来判别。我们要抛弃负面文化，纠正利益文化，抵制快餐式文化，弘扬善文化，保持正能量。

智慧文化投资

资本的逐利性，容易导致资本陷入赚快钱的怪圈，容易导致其不择手段。正因为负面文化收益高、赚钱快，与资本的逐利性不谋而合。社会上会出现大量资本投资负面文化和快餐式文化的现象，就不足为奇了。一旦运用资本的力量去催生负面文化，那么资本就会对社会产生相当巨大的危害性。我们要改变资本的投资方向，提倡智慧文化投资，也就是倡议资本投资善文化，投资正能量文化。

智慧文化投资回报

智慧文化投资的好处在于，资本在获得利益的同时，也会对社会产生良好的影响，资本和社会之间能够形成可持续的良性循环。如资本投资于非物质文化遗产，除了能保护宝贵的文化遗产，同时可以通过展销会获得门票收入和销售收入。人们参观展销会，也获得了文化熏陶，政府也增加税收。这是一举多得的商业模式。K11是全球首个把艺术、人文和自然三大核心元素融合，将艺术欣赏、人文体验、自然环保完美结合，并带出无限创意、自由及个性化的生活品牌，并为大众带来前所未有的感官体验。

拥抱资本共享

共享是人类社会发展的最终目标，资本走向共享是资本发展的历史性抉择。当今社会，资本作为社会发展的基础资源，对促进人类社会的可持续发展发挥着关键作用。因此，在人类社会走向共享的过程中，资本也存在着走向共享的内在要求。让资本创造的财富为多数人服务，一直是人类社会发展的基本诉求，这就要求人类尤其是金融机构重新审视资本的意义和价值基础，将注意力聚焦在社会大众的利益与立场上，从而实现社会进步与繁荣，这也是人类的终极意义所在。

资本走向共享必须实现两大属性的良性发展。首先，重视资本与社会公共福利之间的关联性，解放资本的增值天性、尊重其多样性，从而促进资本发展与社会财富的增加。共享的实现有赖于社会物质财富的极大繁荣，必须依靠资本不断投入到社会的生产与再生产过程中，创造出更多的财富。而一旦不再继续投入生产，资本就成一般意义上的“物”，终止了增值的作用。因此，我们必须让资本成为不断投入生产的动态资本，而不是倡导资本成为供人消费或是私人累积的静态财富。其次，正确把握资本与财富分配之间的密切关系，寻找与社会福利之间的动态平衡，实现资本向善。如果资本表现出为少数人获利的特征、或者资本以权力和财富的个体本位为导向而走向过度私有化，造成贫富悬殊、社会动荡等，那么这样的资本就是“恶资本”。反之，以公共利益为导向的资本则是“善资本”。因此，资本共享的关键在于保持资本增值活力的同时，确保资本向善。实现资本发展与资本向善，需要靠正确、积极的思想文化与精神动力来引导。

当前中国正处于剧烈的社会转型期，一套成熟的现代价值形态仍在塑造中。卢德之提出了“资本精神”理念，这超越了早期资本野蛮发展的理念模式和资本自身的封闭性，重塑了资本的文明性格和内部主体的多元性，并将其理论价值归宿引向了“共享”这一终极目标，强调“财富属于社会也应当用于社会”，树立了资本主体向善的精神内核。资本精神理论更好地契合了资本属性良性发展的需要，在善经济时代，它对引导我国资本走向共享具有内在的价值指引作用。而公益金融是“资本共享”理念的完美诠释，它为我们展现的不仅是社会的内在需求与价值，同时也是资本背后的道德精神与道德情怀。这是一种和谐的状态，是一种思维的方式，更是一种心灵的呈现。公益金融的最顶端，是我们对共同利益的理解，对社会价值的诠释，这也是整个社会的最高理想与最大抱负。

后 记

金融是资源跨时间、跨空间配置的载体和工具，公益则是服务社会公共利益的一种资源配置活动，本书的一个初衷就是如何利用金融思维和金融工具让公益更有效率和更可持续。虽然经济善恶价值判断不应是经济研究的前提，但是人们对经济发展结果还是有着一个优劣好坏的直观认识。本书以善经济为题，不是逻辑严密的学术论著，而是更多体现为一种公益经验的总结和实践的感悟，期寄以此带给人们更多公益启示和思考、带来更多公益研究和实践，让我们的经济社会发展真正成为服务人们幸福与安康的源泉。由于能力所限、经验未足，不足之处在所难免，恳请读者给予包涵和批评指正。

感谢张建森主任带领我们团队悉心编制此书，与善结缘，善始善终，终至书稿付梓之际。在此，特别感谢樊纲院长不吝作序、郭万达常务副院长鼓励支持、廖令鹏同事细致入微的校稿，感谢方浩文、林奇、张壬癸、张祥、余鹏、藏谨、翟东旭等参与讨论和写作的各位同事朋友。

中国（深圳）综合开发研究院金融与现代产业研究所

2017 年 7 月 7 日